U0124804

多赢谈判

用博弈论做大蛋糕、分好蛋糕

［美］巴里·J. 奈尔伯夫 著

（Barry J. Nalebuff）

熊浩 郜嘉奇 译

中信出版集团｜北京

图书在版编目（CIP）数据

多赢谈判 /（美）巴里·J·奈尔伯夫著；熊浩，郜
嘉奇译. -- 北京：中信出版社，2023.6
书名原文：SPLIT THE PIE: A Radical New Way to
Negotiate
ISBN 978-7-5217-5362-2

Ⅰ.①多… Ⅱ.①巴… ②熊… ③郜… Ⅲ.①商务谈
判 Ⅳ.① F715.4

中国国家版本馆 CIP 数据核字 (2023) 第 032303 号

多赢谈判

著者：　　　[美] 巴里·奈尔伯夫
译者：　　　熊浩　郜嘉奇
出版发行：中信出版集团股份有限公司
　　　　　　（北京市朝阳区东三环北路 27 号嘉铭中心　邮编　100020）
承印者：　　宝蕾元仁浩（天津）印刷有限公司

开本：880mm×1230mm 1/32　　　印张：11　　　字数：220 千字
版次：2023 年 6 月第 1 版　　　　印次：2023 年 6 月第 1 次印刷
京权图字：01-2022-6166　　　　　书号：ISBN 978-7-5217-5362-2
　　　　　　　　　　　　　　　　定价：69.00 元

谨以此书向敝人曾有幸受教的

赫布·科恩和大卫·斯特恩（1942—2020）

两位谈判大师致敬。

目录

译者序
让双方利益最大化的分配方案

复旦大学法学院副教授

熊浩

随着市场经济在我国的不断发展，越来越多的有识之士开始意识到商业的本质是达成交易，而谈判便是一种研究交易如何更好达成的专业知识。因此，在我国的图书市场上，关于谈判的书也越来越多。

作为一位专门从事谈判研究与实践的学者，我可以直接而清晰地告诉你这本书的价值到底在哪里。说得直接一点，这本书最为重要的价值，是使利益分配的方法清晰化了。

自莫顿·多伊奇提出"双赢"（Win-Win）概念以后，经典的谈判理论普遍接受"谈判是一种寻求共赢的技艺"这一说法。基于此种认知，谈判理论便认为找到对话各方之间的非冲突利益——其中既包括"一荣俱荣"的共同利益，也包括可以交换的不同利益，从而把蛋糕做大，真实发现谈判各方"互赖"的部分，乃是谈判成功的关键。这一过程可以将谈判从一种对抗性的分配，转化为一个共创性的协同。[①]

基于上述认识，倘若通过之前的信任建构、积极聆听与需求触达，我们已经找到了非冲突利益，发现了可以相互合作的空间、可以彼此支撑的可能，换言之，蛋糕已经做大了，那么接下来应该如何分配蛋糕呢？经典的谈判理论认为应该寻找客观标准。[②]所谓客观标准，即超越双方当事人个人偏好的稳定依据。据此，便可以把做大的"蛋糕"公平切分。

理论上如是理解当然没有问题，但我们在真实的谈判实践中，往往会发现客观标准是多元的。例如，我们在新闻中有时会看到因某些产品降价而导致的纠纷。从商家角度看，降价是一种商业策略，在市场经济条件下无可厚非。既然价格会对供求产生影响，那么商家自然可以根据销售的客观现实，通过调整价格来影响供求关系。但从消费者角度看，产品降价会给消费者带来差价的损失，这个价格的落差也是客观存在的，会让消费者觉得遭受了欺骗与愚弄。

你看，这是一个常见的争议。现在我们假设商家与消费者进行谈判，我相信有一个问题一定会被触及，那就是新产品在上市

---

① [美] 罗杰·费希尔，威廉·尤里，布鲁斯·巴顿. 谈判力 [M]. 王燕，罗昕，译. 北京：中信出版社，2012：55-75.
② [美] 罗杰·费希尔，威廉·尤里，布鲁斯·巴顿. 谈判力 [M]. 王燕，罗昕，译. 北京：中信出版社，2012：81-85.

后到底要经过多长时间才可以降价？我相信双方都可以在法律、政策、惯例、先例中找到相关标准，可问题是，他们所援引的"客观标准"估计会不一样。从商家的角度看，他们肯定会去寻找相对灵活的标准，而消费者则正好相反。但只要这些标准不是谈判双方任何一方自行拟订的，那就是超越双方立场的"客观标准"。但为了各自的利益，谈判双方会提出对自己有利的、不同的客观标准，于是客观标准便开始打架。所以，仅仅让谈判者去寻找客观标准也许是不够的，我们还需要更为深入地探索如何"把蛋糕分好"，而这本书，正是关于如何"把蛋糕分好"的书。

对于如何"把蛋糕分好"，巴里·J·奈尔伯夫教授给出的方案非常直接：第一，如果不合作，确认各方的既有存量；第二，如果合作，计算各方共创的价值增量；第三，扣减存量，平分增量。

简单说就是如此，但你可别小看了这个简单的分配策略，它居然可以既照顾到实质公平，也兼顾形式公平；既没有绝对均分，也没有让谈判双方再基于自己的立场拉锯还价。这一套混合的、基于所罗门王塔木德方案的切分方式，在体现了人类古雅的智慧的同时，也映射出线性思维的某种干脆——巴里·J·奈尔伯夫教授以经济学家的锐利，创造了一种更具模型感、更容易在实践中运转的新的谈判策略与价值分配方案。

那你一定会问：这套方法科学吗？有效吗？如何评估价值存

量？如何计算价值增量？如何将这套综合性的标准运用到各种各样的寻求共识、创造协作的谈判实践中呢？如果对方不理解这套方法，应该如何应对呢？

期待你带着这些问题阅读这本书。

我相信在这趟阅读旅程的终点处，这些问题都会被本书一一化解，而你也会收获一种更为利落、干脆的谈判方法。

开始你的阅读旅程吧，我在终点处，等着你！

前言
"分蛋糕"谈判法

谈判是紧张的。对我来说也是如此。在谈判中，很多东西都事关重大，比如金钱（有时这些金钱足以改变人生）、机会、时间、人际关系和声誉。当人们试图在谈判中占对方便宜，或者只是拙劣地模仿他们耳闻的那些强硬谈判者时，谈判可以暴露出人性最坏的一面。

那么，有一个原则性的谈判方法岂不是更好？如果有一种方法能让人们彼此公平相待，岂不是好上加好？我所谓的"分蛋糕"的方法就通过一种全新的谈判技术做到了上面这两点。过去15年，我一直在耶鲁大学管理学院给MBA学生和高管授课，并在Coursera（大型公开在线课程平台）上教授了超过35万在线学习者。我就是用这种方法把自己的公司卖给可口可乐的。这是一种基于博弈论的方法，简单且实用。就像所有出色的新方法一样，它也有着古老的底蕴，其最基本的洞见可以追溯到 2000 年前的巴比伦《塔木德》（我们将在第 9 章探讨这种联系）。

在这种方法中，我首先会帮你找出谈判中真正要紧的东西——我称之为"蛋糕"。蛋糕是通过达成合作协议所共创的额外价值。一旦看到了这个蛋糕，你就会改变自己在谈判中对公平和权力的看法。"分蛋糕"的概念在谈判中司空见惯，但大多数人都分错了，他们关注的是总数，而不是合作带来的共赢。结果，他们就错误的数字和问题争论不休，偏于他们认为合理但实际上自利的立场。谈判中最难的部分就是正确地衡量蛋糕的价值。如果各方能够明晰其中的利害关系，协议的达成就会容易得多。

简而言之，谈判就是创造和获取价值。谈到创造价值，罗杰·费希尔和威廉·尤里所著的《谈判力》一书教会了人们如何通过关注利益而不是立场来获得谈判的成功。但尚未解决的棘手问题是：如何分配由此产生的收益，无论这种收益是合并带来的协同效应，还是共享经济带来的成本节约。由此产生的紧张局面是许多人不喜欢谈判的原因。

为了化解这种紧张关系，一些谈判者诉诸公平："我给了你一个公平的报价。你应该接受。"但在一方看来是公平的，在另一方看来可能就未必了。如果一方更在乎这笔交易，另一方可以砍掉一半多的报价却仍然认为这是公平的。在其他情况下，一方可能辩称，将所有东西平分才是公平的，哪怕双方起点不同。而我则认为，凡此种种分割方法均不能反映谈判中公平的真正本质。

另外一些谈判者则会诉诸权力。谈判中的一方会主张，他们"有权"获得更大的份额，因为他们更有地位，因为他们能带来更多的利益，因为他们更容易抽身而退，因为他们有更多的选择，等等。这种诉诸权力的做法非常流行。典型的结果便是按比例分割，具体比例可能是根据规模（单位、收入、利润、投入的金额）或其他一些假定的权力指标来决定。在我看来，这种分割方法也是有缺陷的，它并没有反映出谈判中权力的真正本质。

本书会介绍一种新的方法，这种方法既能揭示谈判者的真正权力，又能公平地呈现谈判者各自的贡献。最根本的结论是：蛋糕应该平均分配。但这并不意味着双方最终得到相同的份额。被平均分配的不是总数，而是达成协议所创造的附加值，即那个谈判的"蛋糕"。因为这种公平的分割从根本上改变了人们看待权力的方式，所以必然会遇到阻力，尤其是来自那些在当前权力幻觉中自以为获益者的阻力。然而，这种阻力是可以克服的，我将阐释如何去克服。

你将从本书中学到的是一种基于理论的实用谈判方法。我说这个方法是实用的，意思是它已经得到实践的检验。你会读到可口可乐收购诚实茶（Honest tea）的案例，而诚实茶正是我和我的学生塞思·戈德曼共同创办的公司（我们两人就是产品背面标签上的"Seth & Barry"）。你会了解到这套方法是如何帮助我重构了这场对我而言高风险的谈判的。在2008年的那次谈判中，这一理论首次走出了课堂。在那之前，它还只是我在耶鲁大学谈判课上萌生的一个想法而已。起初，可口可乐一方并不想为自己帮助创造的价值付费。为了有助于克服这种"合理"反对意见，"分蛋糕法"应运而生。自那以后，我们都认同了这种分蛋糕的理念，无论结果如何，都给了双方一个激励去尽可能地做大蛋糕，而这正是我们的做法。

这个分蛋糕的框架不仅仅适用于高风险的企业谈判。当你需要与房东解除租约或从擅自占有者那里购买域名时，你就会知道分蛋糕法如何给你的这些谈判提供指引。当利益不均衡时，你将学会如何更好地分担伙伴的成本。你将了解到，聪明的纽约房地产律师如何使用分蛋糕法在为他们的客户赚取数千美元的同时，重新平衡税收储蓄中不利的违约分割——当然，你也将学习如何做到这一点。

当有机会与对方合作，以实现共同创造的价值最大化时，分蛋糕法是行之有效的。而且你很快就会看到，即使你面对的是那些不关心公平或蛋糕大小的人，这种方法也会发挥作用。由于这种办法基于原则，并且可以产生公平的结果，它便提供了无须故作姿态进行谈判的可能性。实现公平分配可以让谈判双方将精力集中于如何做出尽可能大的蛋糕。这一分蛋糕框架十分有助于解决创造和获取价值之间的紧张局面。

很快你就会发现，本书中罗列的数字比你读过的典型谈判指南要多。这些数字是有目的的，它们旨在通过不同的运用过程帮助你理解分蛋糕法的逻辑。这些细节能够使你充分理解书中的示例。充足的信息可以让你自行回推原因，而不是一味相信答案。我希望你们能从 MBA 案例讨论中获得一些激动人心的体验。与此同时，我尽量让数字简单一些，读者无须精通 Excel 就能读懂。

你会怀疑，这套方法会不会要求你过于注重逻辑，过分理性。那么谈判中的情感和同理心呢？当然，情感很重要，同理心也很重要。事实上，保持同理心可以是完全理智的。谈判中的逻辑是最基本的，然而人们对其知之甚少。有一个合乎逻辑的论点——一个可以参考的原则——可以帮助缓和情绪。分蛋糕的逻辑可以让你找到真正公平的解决方案，而所谓逻辑，就是让你得以坚持原则的事物。

别担心，本书并不是谈判的专业指导手册。本书的前半部分侧重于逻辑，后半部分则侧重于同理心。本书中的工具和案例旨在帮助你少一些以自我为中心，而多一些分心——多以他人为中心。是同理心而不是同情或施舍，会帮助你更好地理解对方的目标，从而做大蛋糕。至于逻辑，它会确保你得到公平的份额。如果你能把逻辑和同理心结合起来，你就会将斯波克先生和柯克船长①两者的优点集于一身。

基于此，我们便可以勇往直前，去探索那些以往的谈判著作从未涉及之处。

---

① 斯波克先生和柯克船长是美国电影《星际迷航》中的人物。——译者注

第一部分

蛋糕在哪里

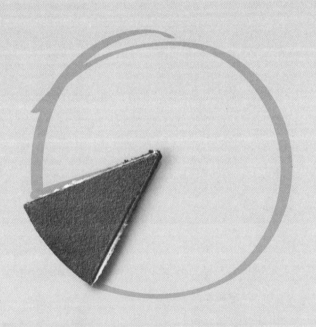

第1章

正确衡量谈判蛋糕

　　我在康涅狄格州的纽黑文生活和工作。除了耶鲁大学，纽黑文还以比萨闻名。有些人非常忠于萨莉比萨店，而有些人则喜欢佩佩比萨店。看着长长的队伍，你可能会认为它们比耶鲁大学更难进，其实是因为它们的蛤蜊比萨别具一格。冒着选边站的风险，我在此以佩佩比萨为例，展示一场谈判。

　　佩佩比萨将给艾丽斯和鲍勃一份共 12 片的蛤蜊比萨，前提

是他俩能就如何分配达成一致。如果他们不能达成一致，佩佩仍然会给他们一些比萨，但只有整份比萨的一半，而且会有一些偏袒：艾丽斯得到 4 片，鲍勃得到 2 片。

达成协议的动力很大。挑战在于双方都有不少可供选择的协议方式，一些对艾丽斯有利，另一些则让鲍勃占优。但他们需要选择一个。对于艾丽斯和鲍勃如何协商达成协议，大多数人会采用两种视角中的一种。

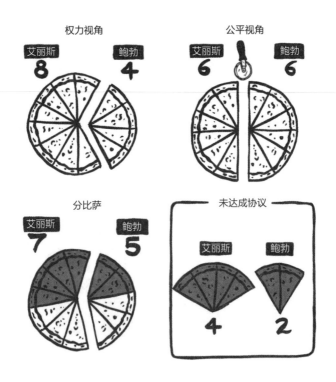

　　　　　　　　　　　　　　　　　　多赢谈判

第一种是权力视角。艾丽斯一开始有更多的权力，她有 4 片比萨作为退路，是鲍勃的两倍。所以她应该得到鲍勃两倍的量，即艾丽斯 8 片，鲍勃 4 片。

第二种是公平视角。双方关注的是各自的最终结果。在这种情况下，他们将比萨对半分，艾丽斯得到 6 片，鲍勃也得到 6 片。

但还有一种与上述两种方法不同且更合乎逻辑的分配方法。说它更符合逻辑是因为它关注的是谈判的实质：如果协议达成，可以创造额外的 6 片比萨。如果艾丽斯和鲍勃没有达成协议，他们总共能得到 4+2=6 片比萨。而如果他们达成协议，他们将总共得到 12 片。达成协议的价值在于将 6 片变为 12 片。新增的这 6 片比萨是关键，即我所说的"谈判蛋糕"。为得到这额外的 6 片，需要艾丽斯和鲍勃共同参与。因为他们有相同的权力，所以这 6 片应该被平均分配。此外，每一方都应得到自己原先可确保获取的比萨片数。这样一来，我们就得到了艾丽斯 4+3=7 片，而鲍勃 2+3=5 片的整体分配方案。

虽然这么说有点奇怪，但大多数人始终都搞不清楚他们谈判的真正目的是什么。他们争论的是 12 片，而不是 6 片。他们关注整个"比萨"，而不是与之相关的"谈判蛋糕"。谈判蛋糕似乎是一个显而易见的想法，就隐藏在我们眼皮底下。一旦你把谈判框定在与之相关的蛋糕上，合乎逻辑的结论是，谈判蛋糕的相应部分应该被平均分配。这就是我要说服你的地方，我也会给你提供一些工具，帮你说服别人。

首先，我想解释一下现状的问题所在。在我看来，权力视角将谈判之外的权力与谈判之中的权力混为一谈了。为什么总量要按照退路的比例来分配呢？不是比萨在相互协商，而是艾丽斯和鲍勃。虽然8：4似乎是一个合理的结果，因为它按照双方各自退路（替代方案）的比例进行了分配，但并不存在基于这个比例得出相应结果的内在理由。

> 一种可以看到按比例分配之不足的方式是设想另一种情景，即如果没有达成协议，鲍勃得不到比萨，而只会得到少许饼屑。在这种情况下，试图模拟退路的分配比例将导致异常高的比萨分配比例（接近无穷大），即几乎全部的12片都应该归艾丽斯所有。

有人可能会说，鲍勃在讨价还价中处于劣势，因为如果没有达成协议他只能得到2片，而艾丽斯可以得到4片。这种说法没有抓住谈判的重点。如果他们不能达成协议，艾丽斯最多也只能得到4片，就和鲍勃最多只能得到2片一样。有效的谈判是要获得优于退路的结果。对艾丽斯和鲍勃来说，要争取到优于自己退路的方案，需要他们同心协力，因此他们在谈判中也具有同等的权力。

第二种方法是对总量进行平均分配，这是一种过于简化的公平观。当涉及分配这 12 片比萨时，艾丽斯和鲍勃的地位并不对等。艾丽斯有更好的退路。如果 6∶6 真的是一个可行的公平观点，那么它应该可以适用于任何情景。但它不是。试想一下，如果艾丽斯的退路是 7 片比萨，而鲍勃的仍然是 2 片，会发生什么？如果公平意味着 6∶6 分配，艾丽斯会拒绝。她肯定宁愿保留她原先就能获得的 7 片，也不愿接受 6 片的方案。虽然当他们各自的退路为 4 片和 2 片时，这种对半分的缺陷可能并不明显，但正如我们所见，作为一种公平规则，将总量一分为二的分法是有根本性缺陷的。

对总量进行分割是一个常见的错误。假设我们给艾丽斯和鲍勃分配了随机的退路，然后让他们彼此协商，你猜会发生什么？内扎特·安巴尔奇和尼克·费尔托维奇就做了这样一个实验。[1] 假如双方的退路均少于总量的一半，那么双方会有 42% 的概率平分总量。这看起来是公平的，并且双方都不会因拒绝成交而获得更好的结果，但一旦其中一方的退路超过总量的一半，选择等分的概率便不到 8%。

现在的情况是双方都在争取一个看起来公平的解决方案。问题是他们还没有学会把相关的谈判蛋糕看成 12-（4+2）=6 片，所以他们最后分错了总量。他们分割的是 12 片，而不是 6 片。关注公平是好的，但公平所针对的必须是相应的谈判蛋糕，而不是总量。对于作为谈判蛋糕的 6 片比萨，艾丽斯和鲍勃是完全对等的，他们处于同等地位且同样必不可少。因此，把谈判蛋糕平均分配才是公平的。

在关注谈判蛋糕的视角下，谈判蛋糕6片被分成3和3。每一方都得到他们的退路以及一半的谈判蛋糕。艾丽斯得到4+3=7片，鲍勃得到2+3=5片。

分配谈判蛋糕不仅仅体现了公平。艾丽斯和鲍勃的权力也是同等的。如果艾丽斯不同意分配方案，她就失去了谈判蛋糕。对鲍勃来说也是一样的。在创造6片谈判蛋糕这一价值时，任何一方都不能说自己比另一方贡献更多。如果谈判的目标是在双方已有价值以外创造增量价值，那么在这类谈判之中，双方就是完全对等的。双方在谈判之外确实有不同的权力，这反映在他们不同的退路上，但这与如何分配谈判蛋糕无关。

现在你已经窥见了这个秘诀。在上述分比萨的案例中，这种方法看似颇为简单，至少事后看来如此。当我们将这种方法应用于更复杂的现实世界问题时，比萨的例子是我们所做一切的基石。

在下文中，当我使用"蛋糕"这个词时，我将永远是指相关的谈判蛋糕。蛋糕才是最重要的。正如我在前面所说的，谈判中最难的部分是正确衡量蛋糕，这并不总是像比萨的例子那样简单。你可能得和另一方合作才能发现这个蛋糕，而找出蛋糕是你从中得到一半的关键。一旦解决了分蛋糕的问题，你们就可以专注于如何共同努力把蛋糕做大的问题了。

让我们开始吧。

　　　　　　　　　　　　　　　　　　　　　多赢谈判

第2章
如何应对恶意要挟者

我知道你们有些人在想什么。如果艾丽斯和鲍勃是通情达理的，那么一切都好办。但如果有一方一点儿也不关心公平，对了解谈判蛋糕也不感兴趣，接下来怎么办呢？在实际环境中又该如何计算蛋糕的量呢？

我有个"朋友"，他认为不用聘请律师就能申请商标，这样可以省下一笔钱。这就导致他犯了新手才会犯的错误。他不知道商标申请是公开信息。当他去注册相关的域名时，他发现最近有人购买了该 URL（统一资源定位地址，即平常所说的网址）。于是双方通过电子邮件进行了协商。

那个擅自占用域名的人——我叫他爱德华，因为那是他的真名——提出要我的朋友把域名买回来。他在邮件中写道：

很抱歉，我们不知道也未曾料到我们的域名与您的商标有关。如果这让您感觉糟糕，我很抱歉……所以我们建议您花 2500 美元，这样我们就会将域名转让给您。请尽快与我确认。

爱德华试图以 2500 美元的高起价来操控谈判。这是一种典型的谈判策略。对于他的道歉，我朋友并不买账。他购买域名并不是巧合：域名是在商标申请公开的同一天被购买的。

我这位朋友对域名的估价很高，可能是 5000 美元，甚至 1 万美元（当然，爱德华不可能知道这一点）。域名对爱德华的价值为零。这也许意味着谈判的风险相当高。但要弄清楚蛋糕的大小，就需要了解如果双方没有达成一致会发生什么。这促使我的朋友做了一些研究。

他发现有一个叫作 ICANN（互联网名称与数字地址分配机构）的非营利性组织负责管理互联网上的域名。根据 ICANN 的规则，爱德华的行为属于恶意注册。ICANN 有一个需花费 1300 美元的争议解决程序，几乎可以保证将对应域名分配给商标所有者。如果我的朋友没有与爱德华达成协议，他可以通过向 ICANN 支付 1300 美元把域名拿回来。不管这个域名对我朋友的价值是 5000 美元还是 1 万美元，这个蛋糕都只有 1300 美元。谈判是为了节省付给 ICANN 的 1300 美元费用。当然，谈判也会为他节省一些时间，但那只是个小问题。他并不着急，因为离公司开业还有几个月的时间。

在给爱德华的回信中，我的这位朋友向他说明了 ICANN 的争议解决程序，并指出其 1300 美元的成本远远低于爱德华 2500 美元的要价。

> 谢谢你的关心。虽然我对你占有这个域名感到难过，但如果我支付 2500 美元，我会感觉更糟。我宁愿花 1300 美元去走 ICANN 的争议解决程序……基于你 2500 美元的要价，如果我诉诸 ICANN 的程序，我将节省资金，而你将一无所获，因此我建议你接受 500 美元的价码。如果你真的为此事感到愧疚，这笔钱也应该超过了你的付出。而如果你还无动于衷，我便准备采用争议解决程序。

爱德华对这种勒索很有经验，他知道自己会输。（在世界知识产权组织的网站上稍加探询就可以发现，爱德华的记录是 0 胜 3 负。）于是他把价格降到了 1100 美元，略低于 ICANN 的 1300 美元。这一次，他尝试了另一种策略，加上了最后期限。

> 对不起，500 美元对我来说太低了。考虑到争议程序所需的成本和时间，我建议我们以 1100 美元成交。我 9 月 1 日开始休假，你能尽快和我确认吗？

到目前为止，这个谈判是相当标准的讨价还价。现在是时候让我的朋友使用分蛋糕框架了。他在邮件中写道：

> 我是这样看问题的。避免 ICANN 争议解决程序将为我节省 1300 美元。这就是你我之间可以分割的东西。在你建议的 1100 美元下，我最终只会获得 200 美元，而你最终会获得 1100 美元。这对我来说不公平。这就像如果我只给你 200 美元，这样我就可以比诉诸 ICANN 争议解决程序节省 1100 美元一样不公平。我愿意和你平分这笔钱，650 美元对 650 美元，但我只能做到这一步了。也就是说，我会付你 650 美元。比起走争议解决程序，你能多赚 650 美元，而我也可以节省 650 元。

这封邮件提出了 1300 美元的蛋糕。其策略是先解释谈判的内容，然后强调双方的对等性，最后坚持均分。

作为对爱德华提出的 200 美元 /1100 美元的分配方案的回应，我这位朋友给出了一个反其道而行之的分配方案。如果以 200 美元 /1100 美元的方案分配是可行的，那又有什么理由说不可以以 1100 美元 /200 美元的方案分配呢？提供一个与爱德华的报价相反的假设而不是实际的报价是合理的策略，因为这可以让爱德华强烈地感受到他的报价的不公平之处。既然对方有能力翻转任何报价，唯一公平的结果自然就是平分蛋糕。

爱德华迅速做出了反驳。

> 我们以 900 美元成交吧。这是我最后的报价了。我想如果你不能接受这个价格，我们也没有别的选择了。请记住我的原始报价是 2500 美元。我很快就要去度假了，让我们成交吧。

事实上爱德华已经做出了很大的让步，从 2500 美元降到了 900 美元，但这无关紧要。他的出发点只是虚张声势。大部分的报价变动——从 2500 美元降至 1300 美元——是不作数的。我这位朋友从 ICANN 那里得到了 1300 美元的选择权，所以只有爱德华的价格低于 1300 美元时，双方才有得谈。

至于以 900 美元成交，爱德华是在建议他们各让一半，而不是把谈判蛋糕对半分。他曾经要价 1100 美元，而我这位朋友的报价是 650 美元，于是他提议朝着双方差额的大致一半（再加一点四舍五入）改变报价。从程序上讲，在双方报价的中间位置成交是公平的，但 1100 美元的要价是武断的，650 美元的报价则是公平的。武断和公平的中间点仍然是武断而非公平。

爱德华试过了各种花招，包括锚定、折中、最后通牒和最后期限。如果对方不够老练，这些方法会起作用。但我的朋友识破了这些伎俩，更重要的是，他有一个足以击破这些伎俩的原则性论点。他没有回复这封邮件。三天后，爱德华接受了650美元的报价。

爱德华对蛋糕、公平或谈判理论不感兴趣，他只是想尽可能地最大化自身利益。那么，为什么谈判蛋糕的论点会奏效呢？因为它让我的朋友坚持自己的立场。双方都明白，在0美元至1300美元区间的任何价格都可能达成交易。如果没有谈判蛋糕，爱德华900美元的"最终"价格可能和我朋友650美元的提议一样是可以接受的。但有一个关键的区别：爱德华没有任何原则来支撑自己的报价。相比之下，我的朋友提出的建议则是基于平分蛋糕的公平原则。

即便爱德华不在乎公平也无所谓，重要的是让他相信对方在乎。这就是为什么谈判蛋糕被证明是一种有力的工具。我朋友坚持公平行事。爱德华如果想要达成协议，就不得不以650美元的价位成交，否则什么都得不到。在这一点上，我们看到了蛋糕是如何在谈判中增加原则性理据的。平分蛋糕的原则让我的朋友提出了一个公平的报价，并坚持了下来。

我的朋友自始至终都计划以650美元成交。他没有一开始就报出650美元，因为他认为爱德华不会接受他的第一个报价。他一直等到双方的价格接近并落在0美元到1300美元的区间内，才抛出了蛋糕的论点。

将蛋糕和公平与人质谈判相提并论似乎有些奇怪，但确实会有这样的感受，即爱德华把域名作为人质，正在就赎金进行谈判，潜在的赎金可能是 0~1300 美元。除非我的朋友和爱德华在赎金上达成一致，否则我的朋友会叫来 ICANN 的骑兵营救人质。

　　但那要花费 1300 美元，一个价值 1300 美元的苦蛋糕。没有爱德华的同意，我的朋友无法省下 ICANN 的费用；同样，没有我朋友的同意，爱德华也无法获得这些收益。也许原则上我的朋友应该拒绝，这样才不会鼓励爱德华的行为。这是他不愿把一半以上的蛋糕分给爱德华的另一个原因。为了节省 650 美元，他愿意让爱德华得到 650 美元，但一分钱也不能多给。

　　你可能已经意识到了，你身边还真有这样的"朋友"。另一个教训是：在申请商标之前，要花 12 美元购买域名。

第3章
谈判蛋糕应该被平分

任何谈判的起点都应该是：双方的利害关系是什么？尽管这个问题显而易见，但答案却不易察觉。

谈判的范围取决于双方能够共同创造的谈判蛋糕，这超出了任何一方独自能做的，创造谈判蛋糕需要双方的共同努力。顾名思义，共同创造的东西是任何一方都不能单独创造的。从这个角度看，没有任何一方的权力更大。这是一个简单但深刻的见解，因此谈判蛋糕总是应当被平分。

在域名的案例中，谈判蛋糕的计算相对简单，也容易理解。但在其他情况下，人们想看清相应的谈判蛋糕就有难度了。即使他们看清了，也往往习惯性地提议按比例分配。这种传统方法由来已久，就如亚里士多德在他的《尼各马可伦理学》中所说的："因此，正义是成比例的物种……不公平就是违反了比例；因为比例是不偏不倚的，所以正义是符合比例的。"

尽管反对亚里士多德的观点令人生畏，但我认为按比例分配违反了正义的核心原则：如果一个分配规则是公平的，那么它在任何可能的情况下都应当是公平的。正如我们将在下一个案例和整本书中看到的，按比例分配在一种情况下听起来公平，但在另一种情况下就行不通了。这不仅仅是分配比例本身的问题，即使在对总量进行等分时也同样存在问题。要构建一个能确保公平的坚实原则，分配谈判蛋糕的方法是唯一选择。

案例：只是利息

在印度传统宗教节日排灯节，安朱和她的哥哥巴拉特一起回到他们儿时的家，与父母一起过节。晚餐后，巴拉特向他的妹妹寻求一些财务建议，毕竟安朱获得了耶鲁大学工商管理硕士学位。巴拉特不知道如何用他的资金做出最好的投资。股票市场波动很大，而债券的利息回报很低。巴拉特如果把手头的 20000 美元做一年期定期存单，可以获得的利率仅有 2%[①]。

安朱说她也有类似处境，甚至犹有过之。她本打算花 5000 美元购买一年期定期存单，但因为投资金额较小，银行只给她 1%

---

① 为了便于计算，我将利率进行了四舍五入。

的利率。虽然 50 美元的利息比没有好，但也好不到哪里去。

两个人很快达成共识，将他们的资金集中在一起投资。安朱上网搜索了一下，发现如果购买 25000 美元的一年期定期存单，他们可以得到更好的利率——3%。

	投资金额（美元）	利率（%）	利息（美元）
安朱	5000	1	50
巴拉特	20000	2	400
安朱和巴拉特	25000	3	750

到目前为止，一切都很顺利，现在到了决定如何分配利息的时候。巴拉特提出了他认为公平的解决方案，也是几乎所有人在他的立场上都会提出的方案：他们每人获得的利息是各自投资金额的 3%。这意味着安朱将获得 150 美元的利息（5000 美元的 3%），而巴拉特将获得 600 美元的利息（20000 美元的 3%）。因为每个人都是按相同的利率计算利息的，所以这是公平的。巴拉特按双方投资金额的比例分配所得的 750 美元（整个获利部分）。

安朱上过我的课，看问题的方式有点不同。钱不是问题，因为所涉及的金额很小，但她希望得到公平的对待。她看问题的方式也是我希望你们现在看问题的方式，也就是两人共同的投资创造了 300 美元的价值。在他们决定集资之前，他们两个人可以赚到 50+400=450 美元。合作使利息总额增加到 750 美元，她对增加的 300 美元具有同等重要性。按我们的话来说，300 美元才是谈判蛋糕。

安朱想要的是她一个人可以赚到的 50 美元加上一半的谈判蛋糕，也就是 50+150=200 美元。对巴拉特提议按 600 美元∶150 美元分配收益的方案，没必要大动干戈，但维护她的自尊确有必要。

安朱向巴拉特提出了谈判蛋糕的论点。她解释，她并不想平分 750 美元（巴拉特单独投资都比他在这个方案中得到的多），她只想平分共同投资创造的 300 美元收益。她强调，巴拉特需要她的帮助来创造这些收益。

巴拉特指出，如果没有他的帮助，安朱最多只能得到 50 美元。她应该很高兴能得到 150 美元。她是不是有点贪心了？

安朱对此早有准备，她指出没有她的帮助，巴拉特最多只能得到 400 美元的利息。可他却要求获得 300 美元增量中的 200 美元，也就是增量的 2/3，他才是贪婪的一方。

在这一点上，对话变成了一场友好的辩论，每一方都希望自己是正确的。为显绅士风度，巴拉特提议在他的 150 美元和安朱的 200 美元之间折中，他建议安朱接受 175 美元的分成。

在不公平和公平之间的折中仍然是不公平的，所以安朱不准备让步。她自豪地告诉我，她是如何说服巴拉特的。她说："巴拉特，想象一下，如果 25000 美元的定期存款利率和 20000 美元的定期存款利率同样为 2%。我们一起投资仍然是有意义的，因为这将带来额外的 50 美元的利息。"

	投资金额（美元）	利率（%）	利息（美元）
安朱	5000	1	50
巴拉特	20000	2	400
安朱和巴拉特	25000	2	500

　　"在你提出的方案中，我们每个人都将获得各自投资金额的 2%。这意味着你仍将获得 400 美元（你出资 20000 美元的 2%），而我将获得 100 美元（我出资 5000 美元的 2%）。我的利息从 50 美元增加到 100 美元，获得了所有的增量收益，这对你并不公平。在这种情况下，我们额外赚了 50 美元利息，我应该与你平分这 50 美元。"

　　巴拉特同意，在 25000 美元的定期存款利率为 2% 的情况下，他应该得到 25 美元。较量结束了，巴拉特接受了平分谈判蛋糕的原则，他意识到按比例分配对他来说并不总是公平的。如果在对他不公平的情况下他不愿意接受按比例分配，那么他就不能要求安朱在另一种情况下接受。尽管在争论中输给妹妹有些尴尬，但他也意识到自己的妹妹不是个小孩子了。

　　我真的很喜欢安朱的方法。说服人们他们的解决方案行不通的一个好办法就是举出一个例子，证明他们在自己的方法下会成为吃亏的一方。安朱直接对巴拉特说让咱们换位思考是一个法子，但更好的方式是让对方仍然待在他的位置上，却没法再心安理得。

要说服某人接受谈判蛋糕的方法，你得让他相信平分谈判蛋糕才是公平的这一真相。如果你还能让他明白为什么按比例分配是不公平的，并且可能对他自己也不公平，那么你就稳操胜券了。他预计你会说为什么按比例分配对你不公平，但如果你举例说明按比例分配也会损害他的利益，你就提升了讨论的高度。你举的例子会证明他的解决方案既不能确保公平，也不适用于所有情况。

在按比例分配的做法中，人们以同样的方式对待所投资的每一美元。这听起来似乎公平，实际上并非如此，因为所投资的每一美元成本不同，创造的收益也不同。在双方决定如何分配收益总量之前，各方都应先获得他们仅凭自己就能获得的部分，剩下的才是增量收益，这才是应当平分的部分。如果安朱拒绝合作，巴拉特将无法仅凭自己获得额外的300美元。这300美元的增量平等地取决于双方的合作，而不是按比例依赖于双方的投资。

通过合作投资，安朱的5000美元出资在她的投资金额上创造了100美元的额外利息，在巴拉特的投资金额上创造了200美元的额外利息。每一方都应该获得在自己的投资金额上产生价值的一半，以及在另一方投资金额上产生价值的一半。为什么不只获得自己投资金额上产生的价值呢？回想一下安朱所举的例子，她的5000美元投资在她的投资金额上产生了50美元的额外利息，而在巴拉特的投资金额上什么也没有产生。对巴拉特来说，没有得到任何额外利息是不公平的。安朱需要巴拉特的投资金额去赚那 50 美元，因此巴拉特有权获得安朱投资金额上所产生的 50 美元的一半。所以在实际的谈判中，安朱也有权获得巴拉特投资金额上所产生的 200 美元额外利息的一半（因为安朱在创造额外利息方面发挥了重要作用）。

公平概念的背后是平等对待，问题在于平等对待什么。让合作发生的关键不是投资款，而是合作所需要的双方。当谈判蛋糕得到正确的衡量时，双方都是同样重要的，因此权力也是对等的。这就是为什么我们应当平等对待合作的人，而不是投资金额。

安朱是巴拉特唯一的潜在投资伙伴，反之亦然。考虑到投资金额较小，他们都不会去寻找其他的投资伙伴。但在其他情形下，能投资 5000 美元的人可能比能投资 20000 美元的人更容易找到。如果是这样的话，巴拉特的退路是找到另一个可以投资 5000 美元的人，并与那个人达成交易。如果巴拉特比安朱更容易找到其他投资伙伴，他就可以跟安朱谈到更有利的合作条件。

举个例子，假如一个叫吉拉的人愿意拿出 5000 美元与巴拉特一起投资，并接受 3% 的利率，那么巴拉特可以从他的 20000 美元投资金额中获得 3% 的收益，也就是 600 美元的利息。这对巴拉特来说是获益提升，但与安朱合作仍然有意义，特别是当吉拉不接受低于 150 美元的投资回报时。

　　　　　　　　　　　　　　　　　　　多赢谈判

	投资金额（美元）	利率 (%)	利息（美元）
巴拉特与吉拉的总收益	25000	3	750
付给吉拉的钱	5000	3	−150
留给巴拉特的钱			600

安朱的要价不得不低于吉拉的，但她可以坚持不少于 51 美元。谈判蛋糕的逻辑仍然适用。在这种情况下，如果不进行合作，安朱和巴拉特将一共获得 50+600=650 美元，这比他们合作可以获得的 750 美元少了 100 美元。这减少的 100 美元就是谈判蛋糕，安朱和巴拉特可以平分，于是安朱获得 50+50=100 美元，巴拉特获得 600+50=650 美元。

人们在思考双人谈判时，有时会认为可以拉其他人进来，这样做改变了谈判蛋糕大小以及谈判双方最终可以获得的收益。如果只有两个人可以进行合作，谈判蛋糕就是 300 美元。安朱的退路即便更糟糕，她也有权平分一半。如果不止两个人可以进行合作，安朱和巴拉特之间仍然是双人谈判。差别仅在于谈判蛋糕会变小，但他们仍然可以平分变小的谈判蛋糕。这个问题且留到第 14 章，届时我们将会讨论多方谈判。

谈判框架

谈判需要一个框架，一个将公平和权力整合进单一原则的框架。博弈论提供了这样一个框架，即谈判双方都有合作之外的退路（尽管可能不那么吸引人）。关于谈判蛋糕的博弈论概念将这些替代方案纳入考量，从而确定了什么是最重要的。

谈判蛋糕的定义可以用一个简单的公式来表达：

谈判蛋糕 = 合作的总收益 -（A 的最佳替代方案收益 + B 的最佳替代方案收益）

在这个定义中，"合作的总收益"是指谈判的 A、B 双方合作所得到的收益。"最佳替代方案收益"是指如果 A 和 B 不能达成合作，那么他们将各自取得的收益，这是他们最好的退路。谈判蛋糕就是双方合作的总收益与双方的最佳替代方案收益之和间的差额。

简单起见，我将以其价值（或成本）来表示最佳替代方案。在比萨谈判案例中，艾丽斯的最佳替代方案是 4 片，鲍勃的最佳替代方案是 2 片。在域名谈判案例中，我朋友的最佳替代方案是向 ICANN 支付 1300 美元，爱德华的最佳替代方案是一无所有。在合作投资谈判中，安朱的最佳替代方案是 50 美元的利息，巴拉特的最佳替代方案是 400 美元的利息。

谈判是为了获得比最佳替代方案更好的结果，谈判蛋糕就是双方合作后收益超出最佳替代方案的程度。在比萨谈判案例中，

多赢谈判

谈判蛋糕是：12–（4+2）=6 片。在域名谈判案例中，合作的总收益是 0，相比我朋友向 ICANN 支付 1300 美元而爱德华什么都得不到，谈判蛋糕的价值是节省的 1300 美元[①]。在安朱和巴拉特的案例中，他们的合作带来了 750 美元的利息，这比他们各自的最佳替代方案 50 美元和 400 美元之和多出了 300 美元。

谈判蛋糕的定义并不关注你的财富、你的性别，或者你的身份是 A 还是 B，甚至不关注你个人的最佳替代方案。不管最佳替代方案是艾丽斯 4 片、鲍勃 2 片，还是艾丽斯 2 片、鲍勃 4 片，甚至是艾丽斯 0 片、鲍勃 6 片，谈判蛋糕都是一样大。重要的是，通过谈判能够获得多少超过最佳替代方案的额外收益，这才是要进行谈判的原因。

从谈判蛋糕的角度看，谈判双方始终是对等的，并且拥有同等权力。这里的权力是指谈判一方在创造谈判蛋糕中的重要性。A 和 B 中的任何一方退出谈判，就不会有谈判蛋糕：A 和 B 都同样重要，因此他们的权力总是同等的。既然拥有同等的权力，他们就应当获得平等的分配。从谈判蛋糕角度看，双方的地位同样是对等的，所以平均分配也是公平的，因此我们可以得出如下谈判原则：衡量出谈判蛋糕，然后平均分配。

[①] 我朋友向 ICANN 支付 1300 美元，意味着其最佳替代方案是负数。所以，谈判蛋糕是：0–（–1300+0）=1300 美元。

地位对等的人应该被平等对待，这是自然而然的结论。如果A 和 B 在各方面都旗鼓相当，他们当然应该所得相同。蛋糕方法的优点是，它在地位对等不那么显而易见的情况下揭示了隐藏的对等。在比萨谈判案例中，艾丽斯和鲍勃的退路是不对等的，因此，没人认为他们最终会得到相同数量的比萨。但是，对于创造额外的 6 片比萨，他们的作用是完全对等的。在谈判蛋糕视角下，他们的完全对等导向了谈判蛋糕平均分配的结果。安朱和巴拉特在投资金额上是不对等的，但在创造额外的 300 美元利息这件事上，他们是完全对等的。这就是蛋糕框架的重要性。只有理解了谈判究竟在谈什么，才会发现双方本质上是对等的，然后才能衡量出谈判蛋糕的大小并进行平分。

我知道这听起来很简单，可能太简单了。在我教授分蛋糕方法的这些年里，我听到了很多"是的，但是……"。

如果还有第三方呢？

如果谈判蛋糕被藏起来了呢？

如果一方更在乎呢？

如果双方对谈判蛋糕大小的看法不同呢？

如果一方用传统方法能得到更多，他为什么要采用这种方法呢？

为什么一方不能拥有更大的权力呢？

对包括以上问题在内的诸多问题，我都已心中有数。正如我们在安朱和巴拉特的案例中看到的，第三方的引入改变了谈判蛋糕的大小，但并没有改变分配谈判蛋糕的方法。在谈判时，人们习惯于将所有的复杂因素纳入其中，而我则建议继续举一些相对简单的谈判案例来帮助我们夯实基础。简单的谈判最终也可以变得非常复杂。我保证，我们会解答这些问题的。在此过程中，我也会解释为什么往常那些可能得到一半以上谈判蛋糕的人仍然应该采用分蛋糕方法。

第4章
关于谈判的两个重要真相

彼得·蒂尔是硅谷著名的企业家和投资者。他参与创立了贝宝（PayPal）和帕兰提尔（Palantir），也是脸书的第一个外部投资者。他还以其"非正统"的面试问题而闻名。具体来说，他喜欢问："你赞同哪些重要的却少有人赞同的真相？"

这几乎是一个陷阱问题。回答者的陈述必须是真实的，也必须是重要的，最难的是几乎没有人相信真相。你不能回答：全球变暖是世界上最大的威胁。全球变暖是真的，也很重要，但已经有太多人同意这个观点。你也不能回答：黄瓜和青豆是水果，不是蔬菜。这是真的，大多数人也不知道，但这并不重要。

在谈判中，有两个几乎没人意识到的重要真相：

（1）糟糕的最佳替代方案并不会让你在谈判中处于劣势；

（2）即使在规模或能力上存在差异，双方对谈判蛋糕的贡献也是相等的。

我会尝试依次说服你接受上述两点。

糟糕的最佳替代方案

谈判文献中的标准观点是，更好的最佳替代方案会在谈判中带给你更大的权力。罗杰·费希尔和威廉·尤里在《谈判力》中就指出："你的最佳替代方案越好，你的权力就越大……双方相对的谈判权力主要取决于最佳替代方案对各自的吸引力。"

正如罗宾·平克利教授、玛格丽特·尼尔教授和丽贝卡·贝内特教授所解释的那样，较差的最佳替代方案会让你处于劣势：

> 如果谈判者在当前谈判之外的选择很少，或选择非常没有吸引力，那他很可能不愿意退出这场谈判。理论上讲，相比拥有更好替代方案的谈判对手，缺乏退路的谈判者将处于更弱势的谈判地位。[2]

我不同意上述说法，更好的最佳替代方案并不会让一个人在谈判中拥有更大的权力。它只意味着谈判者一开始就拥有更多，所以需要谈判的东西就更少，但他们没有理由获得超过一半的谈判蛋糕，而且最佳替代方案较弱的一方也不应因此更愿意或更不愿意放弃谈判。

在比萨谈判案例中，艾丽斯的最佳替代方案是鲍勃的两倍（4片对2片），但是在获得额外的6片比萨这件事上，鲍勃并不比艾丽斯处于更弱势的地位。如果艾丽斯放弃谈判，她就无法获得比最佳替代方案更好的收益，鲍勃也是一样。当双方都正确理解了谈判在谈什么，也就是谈判蛋糕时，艾丽斯和鲍勃就在谈判中处于同等地位，可谓势均力敌。

在域名谈判案例中，我朋友的最佳替代方案更差，但这并不妨碍我朋友获得一半的谈判蛋糕。我朋友出价650美元，爱德华坚持要900美元。对我朋友来说，爱德华的要价比我朋友放弃谈判要好400美元。但对爱德华来说，我朋友的出价却比他放弃谈判要好650美元。这就是我朋友没有回复爱德华的邮件时，爱德华也没有放弃谈判的原因。如果一个人在谈判中所得少于一半谈判蛋糕，他放弃谈判的意愿会更加强烈。

我可以给你举一些其他的谈判案例，有些人的最佳替代方案虽然很差，但他们也做得同样好。当然，即便如此你也不能确定这只是因为这些人的运气足够好，还是因为我只挑选了成功的案例。为了真正回答这个问题，我们应该做一个实验，给谈判的一方更好的最佳替代方案，然后看看结果如何。

弗朗西斯卡·吉诺教授和唐·穆尔教授就做过一个销售二手车的谈判实验。[3] 设置的谈判背景是这样的：你将要去海外接受一份新的工作，因此你要卖掉你那辆开起来挺顺手的丰田普锐斯汽车。你去过 CarMax（二手车零售商）后，他们给了你一个"一口价"的报价（不还价）。你还有另一个选择，就是现在就把车卖给一个人，前提是你们能就价格达成一致。你明天就要离开去海外了，所以这是你以超出 CarMax 报价的价格出手的最后机会。潜在买家也已经看了另外一辆和你的车类似的车，如果你能给出更多优惠，他会买你的普锐斯。

假设你的最佳替代方案较好的情况是，CarMax 给了你一个比较好的报价，而个人买家的替代方案不是很有竞争力。假设你的最佳替代方案比较差的情况是，CarMax 给你的报价不是很有吸引力，而个人买家的替代方案比较好。

卖家最佳替代方案较好的情况：CarMax 的报价是 8000 美元；买家看到了另一辆几乎一模一样的车，他可以花 10000 美元买到。你觉得你的车能卖出什么价格？

卖家最佳替代方案较差的情况：CarMax 的报价是 7000 美元；买家看到了另一辆几乎一模一样的车，他可以花 9000 美元买到。你觉得你的车能卖出什么价格？

你会因为最佳替代方案较差而在谈判中处于弱势吗？乍一看貌似如此，但不妨看看实验数据：在最佳替代方案较好的情况下，平均成交价格是 9027 美元；在最佳替代方案较差的情况下，平均成交价格是 8061 美元。在最佳替代方案较好的情况下，成交价格多了大约 1000 美元。透过现象看本质，我们会发现你的谈判权力实际上是相同的。在上述两种情况下，买家都愿意比卖家的最佳替代方案多支付 2000 美元，所以谈判蛋糕都是 2000 美元，分配方式几乎都是对半分。

（单位：美元）

	最佳替代方案较好的情况	最佳替代方案较差的情况
买家的最佳替代方案	10000	9000
卖家的最佳替代方案	8000	7000
谈判蛋糕	2000	2000
成交价格	9027	8061
买家获得的收益	973	939
卖家获得的收益	1027	1061
谈判蛋糕的分配比例	49：51	47：53

一旦我们用谈判蛋糕的方法进行谈判，同样的 2000 美元谈判蛋糕在上述两种情况下就会以相同的方式分配。根据我们的平分原则，第一种情况下的预期成交价格是 9000 美元，第二种情况下则是 8000 美元，最终双方各获得 1000 美元的实惠。尽管数字并不精确，但实验的结果是：在两种情况下，卖家和买家的谈

判权力是对等的。

用谈判分析的语言来说，有一个规模为 2000 美元的潜在协议区域（Zone of Possible Agreement，简称 ZOPA）。在最佳替代方案较好的情况下，ZOPA 的规模是 8000~10000 美元；而在最佳替代方案较差的情况下，ZOPA 的规模是 7000~9000 美元。双方在 ZOPA 的范围内达成一致时，谈判便告结束。谈判蛋糕的大小就是 ZOPA 的规模，分割谈判蛋糕的方式就是取 ZOPA 的中间值。

希望你能认识到，在第二种情况下，卖家的谈判权力并不会变小。当然，卖家在第二种情况下卖出的价格，的确会比第一种情况下的低。在上述案例中，你的卖价低了大约 1000 美元，但这并不意味着你的谈判权力更小。

你卖出的价格低，只是因为你的产品价值更低。在最佳替代方案较好的情况下，你卖的可能是一辆 2011 年款普锐斯；而在最佳替代方案较差的情况下，你卖的可能是一辆 2010 年款普锐斯。然而，谈判的重点不是在估价上。谈判的重点是如何分配买家和卖家之间的估价差额。在两种情况下，估价差额都是 2000 美元。

我不否认，拥有更好的最佳替代方案对谈判大有好处。拥有更好的最佳替代方案，就可以得到更多。如果你的最佳替代方案是 8000 美元而不是 7000 美元，我相信你的车最终会卖出更好的价钱。但我不认为你最终会在谈判蛋糕的分割中获得更大的份额，因为额外的钱并不来自谈判，它来自先于谈判的外部因素，比如你要卖的车本身价值更高。

这听起来似乎是一个语言游戏，但事实并非如此，因为如果可以获得一个更好的最佳替代方案，人们会反复盘算。即使在极端情况下，如一方的最佳替代方案为零，而另一方的最佳替代方案很好，双方也都同样想要超越各自的最佳替代方案。一方的替代方案很差或非常没有吸引力，并不会增加或减少他的谈判意愿。只要基于谈判蛋糕的视角进行谈判，双方就均会从谈判中获得完全相同的潜在收益，因此也有相同的激励继续谈判。如果最佳替代方案较差的一方不坚持要求分得一半的谈判蛋糕，那他就亏了。

回到比萨谈判的例子，如果艾丽斯的最佳替代方案从 4 片增加到 5 片，那么谈判蛋糕就会从 6 片减少到 5 片，因为 12-（5+2）=5。这里的关键是，现在这 5 片谈判蛋糕仍然由艾丽斯和鲍勃平分。谈判是为了获得这额外的 5 片，艾丽斯不会仅仅因为她的最佳替代方案变得更好，而在额外的 5 片上比鲍勃获得更多。

艾丽斯拥有更好的最佳替代方案，意味着她退出谈判的压力更小，对鲍勃来说也是如此，因为两人合作只产生 5 片而不是 6 片的共同收益。事实上，艾丽斯现在会获得更多，原因是艾丽斯一开始就有 5 片保底，而不是 4 片。更好的最佳替代方案带来的收益是在谈判之前就已经产生的。艾丽斯最终获得 5+2.5=7.5 片，而鲍勃最终获得 2+2.5=4.5 片。

希望你不要误会，优化最佳替代方案的确是让你获得更多收益的最好方法。你可以获得最佳替代方案的全部收益，而只能获得谈判蛋糕的 50%。如果你找到了优化最佳替代方案的方法，你当然会得到更多。事实上，最佳替代方案每增加 1 美元，你会多赚 50 美分。你的最佳替代方案每多 1 美元，谈判蛋糕就会少 1 美元，于是你的净收益是 50 美分。

类似地，如果你能找到降低另一方最佳替代方案的方法，那么其方案每减少 1 美元，你会多赚 50 美分。另一方的最佳替代方案每减少 1 美元，谈判蛋糕就会多 1 美元，所以另一方的净损失是 50 美分，这 50 美分进了你的腰包。

谈判一方 A 最终得到的总额如下：

A 的总额 =A 的最佳替代方案 +50% 的谈判蛋糕

=A 的最佳替代方案 +1/2 [合作的总收益 −（A 的最佳替代方案 + B 的最佳替代方案）]

=1/2（合作的总收益 +A 的最佳替代方案 −B 的最佳替代方案）

类似地，谈判另一方 B 最终得到的总额如下：

B 的总额 =1/2（合作的总收益 +B 的最佳替代方案 － A 的最佳替代方案）

有三条途径可以同样有效地帮助你获得更多收益：（1）增加总价值，使交易变得更有价值；（2）优化你的最佳替代方案；（3）降低对方的最佳替代方案。

如果和你谈判的人读过本书，上述三条途径全部是可以考虑的方法，你们将会平分谈判蛋糕。既然你不能获得更大的蛋糕份额，你能做的就是改变总价值或最佳替代方案。[①]

最佳替代方案如此重要，为什么我却说它不能给你带来谈判权力？我的理由很简单，最佳替代方案较差的一方谈判起点低，如果接受少于一半的谈判蛋糕，他们会倍感压力。他们既不会更有动力促成谈判，也不会更倾向于放弃谈判。我记不清有多少次听到别人对我说，你比我更需要这笔交易。这一说法或明或暗地表达了这样一个意思：最佳替代方案较差的一方应该获得少于一半的谈判蛋糕。不是这样的！双方对这笔交易的需求是一样的。双方同样需要这笔交易，以超越自己的最佳替代方案。双方对创造谈判蛋糕的贡献也是相同的，这就是不管你的最佳替代方案如何，谈判蛋糕都应该被平均分配的原因。

---

① 谈判基于感知的最佳替代方案。感知的改变会改变谈判的结果。人们经常想象他们的最佳替代方案比实际的更好。你可能想要帮助另一方明白，他们真正的最佳替代方案并没有他们想要的那么有吸引力。

相等的贡献

人们很难看到谈判双方在谈判中所做的贡献是平等的，因为双方带上谈判桌的项目看起来迥然不同。这就是为什么在谈判中规模较大的一方通常得到的更多。大多数人错误地认为，谈判中的贡献与规模有关，这就导致了分配的不平等。

希望你能意识到，在所有的两方谈判中，无论谈判双方有多么不同，他们对谈判蛋糕的贡献都是相等的。这在宏观层面上必然是正确的，因为如果不能达成协议，谈判蛋糕就会消失。但当我们深入谈判细节时，可能会更难领会这种相等的贡献。

两家报纸

如果《公报》和《星球》能在合作条款上达成一致，他们将考虑合作。《公报》的规模是《星球》的两倍，可以为《星球》带来 10000 个新订户；而《星球》可以为《公报》带来 5000 个新订户。所有这些新订户带来的利润将是 150000 美元。《公报》认为，它有资格获得两倍于《星球》的利润，因为它带来了两倍的新订户，因此也带来了两倍的利润。

《公报》真的带来了两倍的利润吗？并非如此，双方的贡献是相等的。我们之所以产生了错误的印象，是因为我们仅仅比较了新增读者的数量，而非对双方各自新增读者分别加以审视。想想看，对于《公报》带给《星球》的 10000 个新订户，《星球》做出的相应贡献是什么？答案是，《星球》用它的内容留住了新订户。如果没有《星球》的内容，《公报》带来的新订户就没有东西可读。对创造 10000 个新订户的价值而言，这两家公司都是必不可少的。

类似地，对于《星球》为《公报》带来的 5000 个新订户，《公报》也在贡献它的内容。双方的贡献并不是 10000 个新读者对 5000 个新读者的比较。在两组新增读者的贡献中，双方都是必不可少的，增加的 75000 美元利润应该平分。

西西弗斯

有时一方必须做更多的工作才能创造蛋糕。在这种情况下，平分蛋糕似乎不太公平。不公平的原因其实是蛋糕的大小没有被正确地衡量。我将用我对西西弗斯神话的理解来解释这一困惑。

宙斯准备付给西西弗斯 100 德拉克马（古希腊银币），让他把一块沉重的巨石滚到山顶。在山顶附近有一个棘手的山口，西西弗斯不断滑倒，巨石又滚回山底。

幸运的是，雅典娜在那里帮助他。只需要在适当的时候推一把，她就可以帮助西西弗斯通过山口到达山顶。但雅典娜真的有资格凭她的帮助得到 50 德拉克马吗？

给雅典娜一半德拉克马往往会让人本能地觉得不公平，她远没有西西弗斯那么努力，她不应该得到那么多！这种情绪反应有一定的道理。

的确，雅典娜和西西弗斯同样重要，因此每人都应得到一半的谈判蛋糕。但是，谈判蛋糕不是 100 德拉克马。谈判蛋糕是两人在他们的最佳替代方案之外创造的价值，必须考虑这个任务（推巨石）相关的成本，在这个例子中就是西西弗斯付出的所有辛苦工作。

假设这个任务需要 4 小时的高强度工作，西西弗斯干这样的高强度工作每小时可以挣到 15 德拉克马。谈判蛋糕就不是 100 德拉克马了，减去西西弗斯先前的 60 德拉克马的工资后，只有 40 德拉克马。如果宙斯只为这份工作出价 50 德拉克马，西西弗斯会拒绝他（至少我是西西弗斯的话会这样），不会有谈判蛋糕，因为报酬与西西弗斯付出的 4 小时努力不相符。我们可以说，如果西西弗斯在其他地方可以通过同样的努力工作挣到钱，他的最佳替代方案就是 60 德拉克马。相应地，我们可以说宙斯提供的这份工作伴随着 60 德拉克马的努力成本，而有效谈判蛋糕只有 40 德拉克马。

雅典娜和西西弗斯实际上只有 40 德拉克马可以分配，最终雅典娜得到 20 德拉克马，西西弗斯得到 80 德拉克马，60 德拉克马来自对西西弗斯所有的繁重工作的报酬，20 德拉克马来自谈判蛋糕。

相对雅典娜的片刻帮助，她似乎依然得到很多。但是如果西西弗斯不能获得她的一臂之力，就无法挣到比日常的每小时 15 德拉克马更多的钱。如果他可以找其他女神帮忙，雅典娜就不再必不可少了，西西弗斯可以得到 40 德拉克马的大半。如果雅典娜是唯一可以帮忙的女神，我坚持认为她应该得到 40 德拉克马的一半。或者，西西弗斯可以问问阿特拉斯，他把石头推上去会不会要价少一些？

可口可乐的成本节省

我们在比萨谈判的案例中看到，当一方的最佳替代方案为 0 时，按最佳替代方案的比例来分割谈判蛋糕并不合理。分配比例通常更多地与规模有关，而不是与最佳替代方案有关，规模是用数量或金额来计算的。即使如此，按比例分配也会导致荒谬的结果。

当比例变得极端时，按比例分配的问题就会突显出来。当比例是 2∶1 时，按比例分配看起来是个小问题；当比例是 1000∶1 时，按比例分配就站不住脚了。在我最重要的一次谈判中，我就是无足轻重的那一方。

正如我在本书前言中提到的，在任职教授之余，我还和我的学生塞思·戈德曼一起创办了一家即饮有机冰茶公司，名叫"诚实茶"。我们公司与可口可乐公司进行了好几次谈判，我是其中的关键人物。

我将分享两个相关的谈判故事。第一个故事略有润色，第二个故事则是完全真实的。在本书下一章中，你将看到诚实茶公司和可口可乐公司之间关于公司收购的谈判。在此之前，我想分享公司收购的一个前奏事件。

在两家公司开始讨论收购事宜之前，可口可乐公司有可能在采购方面为诚实茶提供帮助。可口可乐公司有巨大的议价能力，它的所有原料和包装都能拿到非常低廉的价格。可口可乐和诚实茶在讨论双方潜在协同效应时发现，可口可乐公司可以帮助诚实茶大幅降低瓶子的成本，从每个瓶子 19 美分降到 11 美分，这意味着每个瓶子可以节省 8 美分。当时，诚实茶公司的年销售量是 4000 万瓶，并以接近 100% 的速度增长。因此，诚实茶未来 3 年预计售出 2.5 亿瓶，节省的瓶子成本高达 2000 万美元！这是一个几乎无法想象的数字。依据这个成本结构，这项业务是有利可图的。问题是可口可乐公司和诚实茶如何分配这 2000 万美元。

　　一个显然对可口可乐公司有利的方案是，节省的 2000 万美元按双方的销售额比例进行分配。这个方案的逻辑是，每家公司每卖出一瓶饮料都可以节省相同的成本金额。虽然数量和金额不完全精确，但双方的销售额为可能的分配结果提供了预测。可口可乐公司的年销售额是 400 亿美元，诚实茶公司的则是 2000 万美元，这是 2000∶1 的比例。如果两家公司按销售额比例分配这 2000 万美元，可口可乐公司将得到 1999 万美元，诚实茶公司将得到 1 万美元，这简直荒唐。

　　正如你所想，这听起来对我不公平，甚至对可口可乐公司也不合理。按比例分配的方式在极端情况下显然并不奏效，在其他情况下也是不公平的，按比例分配的规则并不可取。这意味着，当分配比例是 2∶1 时，你就应该怀疑这不公平，而不必等到比例是 2000∶1 时才恍然大悟。尽管前一种情况下的不公平表现得并不明显，但按比例分配依然是不公平的。

　　可口可乐的团队在意识到按销售额比例分配的不公平后，提出了一个更合理的报价：可口可乐获得 1900 万美元，诚实茶获得 100 万美元。因为这场合作的价值是可口可乐的议价能力带来的，诚实茶无法带来相同的价值。

　　可口可乐为合作带来了更多价值吗？事实上，没有可口可乐的议价能力，的确不会有成本下降带来的利润。那么诚实茶公司为合作带来了什么呢?

我在脑海中盘算,可口可乐的议价能力是很强,但你也需要我们的能力不那么强。好吧,现在不是开玩笑的时候。我认真考虑后是这么说的:你们需要我们的茶饮来装满你们的瓶子。可口可乐的议价能力的确很强,但要获得 2.5 亿个包装瓶成本下降的额外利润,它需要接触到诚实茶的客户。只有可口可乐的议价能力和喜欢这种微甜有机茶的消费者合在一起,我们才能创造出 2000 万美元成本下降的收益。这就是为什么我们应该平均分配收益,1000 万美元对 1000 万美元。

可口可乐公司已经在它自己的产品包装瓶上收割了所有可能的成本下降利润,为了再创造 2000 万美元的成本下降利润,它需要找到一个大量使用包装瓶又不得不花高价买包装瓶的公司。这就是我们。

试图衡量哪一方对谈判蛋糕的贡献更大,就像问对里斯牌花生酱巧克力杯来说,巧克力和花生酱哪个更重要一样。这个问题没有答案,因为两者都必不可少。

即使你同意我的观点——我们双方都是必不可少的,你们中的一些人也会认为我要的太多了。我是在和银河帝国谈判,至少感觉上如此。可口可乐是一家《财富》世界 100 强企业,拥有世界上最著名的品牌之一。而我只是个小人物,也更在乎这笔交易。你估计可口可乐公司可能会这样回复:我们是可口可乐,1900

万美元对我们来说甚至连四舍五入的零头都不算；但对你来说，100 万美元是一个大数目，比你以前能赚到的所有钱还多；给你 100 万美元，你应该心满意足，而我们应该拿 1900 万美元。

确实如此，100 万美元对我来说已经是一笔很大的交易了。但是，每个关于分配谈判蛋糕的论点都可以颠倒。也就是说，我也可以这么说：好吧，可口可乐，你刚刚告诉我你不在乎钱，1900 万美元对你而言只是一个四舍五入的零头，得到与否对你来说也无所谓，但是，我们很在乎这 1900 万美元，不如我们拿 1900 万美元，你们拿 100 万美元，反正你们公司甚至没人会在意。

大公司通常最终在谈判中要求得到更多，一个理由是他们声称自己不那么在乎这笔交易，所以要达成交易就得给他们更多。但这毫无道理。如果你声称你不在乎，所以就应该得到更多，那么这个道理可以反过来为我所用。我会回应：很好，既然在这种情况下你那么不在乎，那请你做出些牺牲多放弃一点儿应该也不难吧。我们将在第 11 章继续这个话题。

在谈判结束时，双方联合采购包装瓶的话题很快变成了收购诚实茶的话题。关于联合采购包装瓶的价格，我们始终没有达成一致。取而代之的是，我们得达成一个更加重要的协议，就是诚实茶公司的收购价格。在深入讨论这个案例之前，我们先缓一缓，我需要介绍更多的背景信息。

　　　　　　　　　　　　　　　　　　　　多赢谈判

第5章
如果不确定蛋糕的大小

谈判大师赫布·科恩提出了一些非常实用的建议：你应该在意，发自内心地在意，但……也不用那么在意。当谈判涉及个人利益且利害关系重大时，人们很难做到客观。这就是为什么人们会聘请律师和银行家来代表自己进行谈判。

2008 年的时候，我还未体会到赫布所言的妙处。我参与了与可口可乐展开的利害攸关的谈判——至少对我们来说如此。可口可乐对收购诚实茶很感兴趣，诚实茶是我与塞思·戈德曼共同创立的公司。可口可乐很早就表示：不要投资银行家参与。他们不想陷入互相叫价的处境中。我虽然不喜欢这些条条框框，但也不想冒可口可乐拂袖而去的风险。[4]

过去 10 年里，塞思和我一直致力于打造诚实茶这个品牌。事实上，我们这家公司本可能以失败告终，因为塞思和我都没有任何运营公司的经验，却要与可口可乐、百事可乐、雀巢、亚利桑那（Arizona）、SoBe 以及其他十多家公司同台竞争，在世界上竞争最激烈的饮料市场中争一席之地。

然而，我们幸存了下来，甚至发展得相当不错。诚实茶另辟蹊径，取得了成功。没有糖浆，没有浓缩物，没有调味剂，没有高果糖玉米糖浆，也没有低果糖玉米糖浆，我们的配方是优质的有机茶叶、热水和些许蜂蜜、枫糖浆、龙舌兰及有机蔗糖。其他公司的冰茶尝起来像糖浆，而我们的诚实茶保留了茶本身的风味。

10 年过去了，我们公司仍像是一家初创公司。当时，诚实茶的年销售额约为 2000 万美元。它成为美国各地全食超市中的第一大茶品牌，也是天然食品渠道中增长最快的茶品牌，但我们几乎没有主流的分销渠道。

未来还是未知数。公司在经历过包装瓶变形、车祸甚至全国召回等诸多事件后存活了下来。为了支付库存所需的现金，公司贷款了 500 万美元，但银行要求我们提供个人担保。如果经营情况恶化，我们将一无所有。

几乎每个企业家都梦想接到可口可乐的电话，向你表明他们有兴趣收购你的公司。虽然塞思和我很高兴能与可口可乐商谈，但我们还没有准备好出售公司。我们还沉浸在开心中，感觉自己终于走上了正轨。

另一方面，不出售公司的后果将会很可怕。我们的最佳替代方案不是维持现状，而是会比现状糟糕得多。早在1991年，可口可乐和雀巢就建立了合作伙伴关系来营销雀巢冰爽茶。[①]但最终合作没有成功。这意味着很长一段时间以来，可口可乐和雀巢终于可以首次抛开雀巢冰爽茶的合作项目，各自独立寻求与其他茶饮企业合作。

整个夏天，雀巢美国公司都在试图收购我们公司。双方在价格方面取得了一些进展，但当这个报价被提交给瑞士总部时，首席执行官大为震惊，否决了这笔交易。雀巢美国公司负责人带回了一个极低的价格。我拒绝了。雀巢美国公司负责人随后写信给塞思，暗示我毁了塞思、他的家人以及他们所有后代的希望和梦想。这让这件事情变得很个人化。

雀巢和可口可乐对我们公司的兴趣表明一件事：这两家公司都决心收购茶饮业务。如果不收购诚实茶，它们就会去收购诚实茶的其他竞争对手。那样的话，诚实茶的竞争对手将不再是巴马百

---

① 诚实茶与雀巢冰爽茶还有一段渊源。诚实茶公司在成立之初，名为Honestea，由于和冰爽茶的名称（HONESTEA）很像，雀巢的律师以该名称使用了他们的商标为由阻止了商标申请，于是我们在名称中增加了一个空格和一个字母T解决了这个问题。结果，Honest tea成了一个更好的名字。

年（Long Life）、Inko、甜叶茶（Sweet Leaf）和信风（Tradewinds）这些初创公司本身，而是它们背后的大公司。而如果诚实茶未来被可口可乐或雀巢收购，我们将会成为附营业务，而不是主营业务。

这不是我和塞思想要的。可口可乐的员工以极其友善的方式向我们转达了这层意思。他们倒没有说："如果你们不把公司卖给我们，我们会像碾碎这些茶叶一样将你们碾碎。"（泰特莱公司的首席执行官在得知诚实茶对他的报价不感兴趣时就是这么说的。）可口可乐说的是："董事会授权我们将一家茶饮公司纳入我们的投资计划。我们研究了150种不同的方案，贵司是我们的第一选择。我们对贵司所做的和能做的都非常感兴趣。但请理解我们也是受人所托。"

与得到大公司支持的前对手同台竞争令人生畏，但塞思和我并不仅仅关注不利的一面。加入可口可乐的机会为我们贯彻自身宗旨创造了巨大的优势。正如时任可口可乐首席执行官穆泰康对我们说的那样："我们不希望可口可乐改变你们，我们希望诚实茶改变可口可乐。"诚实茶将是可口可乐的第一款有机茶。在他们的帮助下，诚实茶可以降低塑料瓶的成本，可以提高生产质量，可以帮助有机食品大众化和主流化，可以证明你能在不牺牲理想的情况下创建一家成功的公司。

于是就出现了一个悖论。塞思和我想得到可口可乐的帮助，但又不想卖掉公司。我们能做到两全其美吗？我们很早就同意可口可乐可以在当下购买公司的少量股权，然后有权在 3 年内购买剩余股权。经过一番磋商，我们也得到了所谓的出售选择权，即 3 年内，若诚实茶的股东想要公司被可口可乐收购，则可口可乐必须收购诚实茶。

这解决了一个问题，但又制造出另一个问题。3 年后，可口可乐会出什么价？可口可乐曾承诺在接下来的 3 年内帮助诚实茶进行采购、生产和分销。由于它提供了帮助，它有充分的理由压价。

这是我第一次将分蛋糕法运用到实践中。在此之前，这个方法还只是我在耶鲁大学的谈判课程中萌生的想法而已。它能解决这个悖论吗？

这笔交易创造的蛋糕是什么？与可口可乐合作将使诚实茶的销售额远超仅靠自身能力所及的水平。可口可乐不想为收购诚实茶支付更多的费用，正是因为它已经付出了很多。

我做出的反驳是：实现这些额外的销量需要双方共同努力。的确，没有可口可乐的销售渠道，诚实茶就无法获得如此大的销量，但是如果没有诚实茶的产品铺货，可口可乐也无法实现这些额外的销量。只有齐心协力，才能创造蛋糕。

于是就有了解决方案。可口可乐将基于销售额的倍数给诚实茶出价。倍数代表的是诚实茶销售额高于 X 美元（此处我需要保密）水平部分的充分估值，其中 X 美元是根据当前趋势预测的销售额。对高于该水平的销售额，可口可乐将支付这个倍数的50%。换句话说，这笔交易带来的额外销售额就是蛋糕，两家公司将一起分这块蛋糕。

关于充分估值（即所谓的市场倍数）是什么和 X 美元的恰当估值是多少，需要多次反复商谈。你可以把这看作是在梳理细节。这些都是由数据驱动的问题。

可口可乐和我们在谈判之初就都认同分蛋糕的理念。多亏了蛋糕框架，这个交易总算化难为易。达成协议后，大家可以一起努力创造一个巨大的蛋糕。写下这些文字时，已是交易达成十几年后了，茶饮销往全球，其业务规模已是 2008 年的十多倍。

在诚实茶的交易中，除了双方均受益，还有一点我希望你能注意到：双方不必知道蛋糕是什么就可以进行分割。他们同意事后分割蛋糕，不管结果如何。当你在不确定的环境中进行谈判时，这种方法真的很有帮助。双方都知道会创造出蛋糕，但双方都不知道这个蛋糕有多大，或者各有各的看法。他们可能有异议，对此也不必达成共识。只要事后可以衡量出蛋糕，双方就可以协议平分。这是个关键见解，在接下来的诸多示例中均会有所运用。

第6章
如何让违约造成的损失最小化

合同出现违约时，人们会感到不安。他们会辩称自己不应为此负全责，并互相起诉。分蛋糕法有助于解决这样的争执。它既可以帮助确定某一方应该支付多少赔偿金，也可以帮助提供更好的激励措施，使违约造成的损失最小化。

请根据以下思路来思考这个问题。某一方采取了单方面的行动，没有通过协商的方式解除合同，而是"一走了之"。假如双方重新协商条款，结果又会怎样呢？双方可能达成怎样的协议是我解决这一问题的出发点。当然，我给出的解决方法就是分蛋糕法。

租赁违约

肖恩找到了一份离当前居住地两个半小时路程的新工作。对肖恩来说，这是一个好消息，但对他的房东来说，就是个坏消息了。肖恩将在一个月内搬家，问题是租期还有 5 个月，也就是说他要提前 4 个月搬走。肖恩告诉房东他要违约时，房东很不开心。她说自己必然要因此损失租金，还说自己有几个孩子要养。

她要求肖恩支付剩下的 4 个月租金的一半，即 2400 美元。此外，如果要解除租约，肖恩就得放弃 1200 美元的押金。雪上加霜的是，他还得放弃另交的 500 美元的宠物押金。这样一来，肖恩总共损失 4100 美元。

肖恩无奈只得同意。比起支付 4 个整月的房租，这样还算不错。搬到新家 4 天后，肖恩回到原来租住的地方取落在院子里的工具。令他意想不到的是，新租客已经入住了，原来房东在他提前通知退租的一个月里已经找到了新租客。

肖恩的故事是我在开车回家的路上收听平板电脑上的播客时，从突然弹出的查尔斯·都希格的《排忧解难》节目中听到的。在每一期节目中，都希格都会邀请一位专家来帮助一位听众解决一个难题。那天都希格正帮助来自弗吉尼亚州的肖恩学习如何更好地谈判。做客节目的专家是美国联邦调查局前国际人质危机谈判专家克里斯·沃斯，著有《强势谈判》一书。

克里斯·沃斯一步步教肖恩采取不同的行动。首先，沃斯让肖恩表现出他理解房东的立场。他让肖恩以"你觉得"开启与房东的对话，肖恩是这样说的：

　　　　　　　　　　　　　　　　多赢谈判

你觉得我们让你处境不利，因为现在是租房淡季，没有人会搬家。你担心在找到租客之前房子要空置一两个月。

沃斯觉得肖恩这段话说得非常棒，我亦赞同。正如我将在第18章谈到的，你要站在对方的立场上陈述问题，这是表现你理解对方立场的最佳办法。

然后沃斯让肖恩练习提一些"如何"类的问题。肖恩提出了以下问题：我们如何才能找到一个我们都满意的解决方案呢？沃斯觉得问题很好，但是要调整一下措辞：我们如何才能找到一个方案，让我们在一切都结束后不会彼此憎恨？沃斯解释如下：

当你说"我们都满意"时，我的反应是你只在乎你是否满意。对我是否满意，你就没那么在乎了。

我喜欢这种非自我中心主义和语言上的"柔术"，但在我看来，还缺少一样东西：蛋糕框架。

我联系了肖恩，然后一起找出了蛋糕。让我们从肖恩的最佳替代方案开始吧。肖恩可以支付剩余 4 个月的房租，然后让房子空着，这样他就不会违约，从而拿回自己的押金。但房子将空置4 个月，肖恩要损失 4800 美元。

这并不是肖恩的最佳替代方案。根据弗吉尼亚州的法律 [《弗吉尼亚法典》第55.1—1251条（2020年版）]，即使承租人违约，房东也必须做出合理的努力以重新出租该房屋。当然，并非美国所有的州都有如此规定，佛罗里达州就没有这样的规定。幸亏肖恩是在弗吉尼亚州，他只需要支付房东找到新租客前的房租。

由于弗吉尼亚州的租房市场很紧俏，房子并不会空置两个月，更不用说4个月了，很可能房东不到6周就找到新租客了。在真正谈判之前，虽然我要获得更可靠的数据就得做更多调查，但现在我们假设房东只按法律规定尽最小努力的情况下，房子将空置一个月（有时长一些，有时短一些，但平均差不多一个月）。这便是肖恩违约造成的经济损失。

对房东来说，她的最佳替代方案就是在合理范围内尽最小努力。直到找到新租客，她才停止向肖恩收取房租。

这个潜在的蛋糕就是尽快找到一个新租客，从而不让房子空置。如果房东真的很努力，她也许在不到一周的时间内就能找到新租客。

做调研

要确定你的最佳替代方案（进而确定蛋糕），通常需要做些调研。在域名案例中，需要了解ICANN的争

议解决程序。在此例中则意味着要了解房东承担什么法
律责任。我们将在第 20 章重新讨论这个话题。第 20 章
重点讲述如何准备谈判。

房东要价 4100 美元，是预计损失的 3 倍多。这是不合理的。
作为初步报价，肖恩可支付 1200 美元覆盖预计的一个月房租损
失，让房东有两个月（提前通知退租的一个月加上可收租的一个
月）的时间去找新租客。

如果房东要价更高，我也并不意外。之前的情况是，肖恩必
然要损失租金，而房东毫无风险。现在，房东必须更加卖力，也
要被迫承担风险。也许她会要价 1800 美元，以补偿她的风险和
额外的努力。

尽管比起付 4100 美元，1800 美元已经少很多了，但这样还
是将蛋糕的大部分给了房东。如果她能在肖恩搬出的时候就找到
租客入住（她就是这样做的），她可以多得 1800 美元。她一共可
以得到新租客的全额房租加上肖恩的 1800 美元。

肖恩更好的选择是平分蛋糕。肖恩同意支付 6 周的房租
1800 美元——这已经比房东努力找新租客所需的平均时间要长
多了。在此期间房东收回的租金都应与肖恩对半分。理论上，法
律规定肖恩可以得到房东收回的全部租金，但是这样房东就没有

动力找新租客了，而肖恩想要房东尽快找到新租客。

如果房东快速找到新租客，肖恩要先支出 1800 美元，但可以拿回 900 美元，净损失为 900 美元，房东会多收入 900 美元。假如两周之后才有人搬入，肖恩可以拿回剩下 4 周房租的一半，即 600 美元，他的净损失为 1200 美元，房东则多收入 600 美元。这个方案似乎更加合理，因为肖恩承担了一部分风险，房东则应该分享她重新出租房子的收益。

现在既然我们搞清楚了蛋糕是什么，以及如何处理风险和激励问题，我们就要说服房东。这时同理心和各种实例就起作用了。以下是我建议的表述，让我们从"你觉得"开始吧。

你觉得我们让你处境不利。你需要房租。

让她讲述照顾孩子的必要性。然后我们继续：

好消息是，我们可以一起努力，让你能得到更多钱而不是更少。我提前 4 周通知你退租，我认为你可以在我搬出去之前就找到一个新租客，因为弗吉尼亚州租房市场很紧俏。保险起见，我会支付 6 周的租金作为保障。同时，我要感谢和回报你寻找新租客所付出的努力，只要你找到新租客，我们就一起平分这 6 周中可以从新租客那里收房租的时间段中收到的房租。

我喜欢提供例子。我在我写的每个合同中都会提供例子。一个例子有助于消除表达中的模棱两可。因此，我会继续说：

比如，如果你立刻找到了租客，我们就平分 1800 美元担保租金，你可以得到 900 美元。如果我搬出两个星期之后，你才找到租客，你仍可得到 600 美元。

如果房东抱怨所做的额外工作，你就说，几个小时的工作就可以获得这么可观的回报，很不错了。要是她回答，期望无缝衔接地找到新租客是不合理的，那你就回答花 6 周时间才找到新租客同样不合理。若她对平分她得到的租金犹豫不决，你就说她有责任降低损失，实际上应退还收回的全部租金。根据法律规定，她不能获得这期间的任何额外租金。而如果达成协议，你早日搬出会让她有机会获得一半以上的额外租金。

赔偿金

在诸如肖恩的案例中，存在减少合同违约造成的损失的可能性。而在其他情况下，就只能算出违约方应该支付多少赔偿金。我们要格外小心，因为我们所选的规则会决定人们什么时候会选择违约。当违约可以创造一个更大的蛋糕时，我们并不希望人们继续固守现有的合同。（谨记，这个更大的蛋糕必须考虑非违约方可能承受的所有损失。）当违约会毁掉蛋糕时，我们就不希望人们违约。

艾丽斯汽车交易合同违约的例子就展示了这一点。艾丽斯同意支付 9000 美元向一位急于卖车的大四毕业生购买一辆 2013 年款的普锐斯。她知道这笔交易非常划算，这辆车里程表低，车况很好，应该值 11500 美元。她和卖家签了合同，支付了 500 美元现金，然后去银行开支票付尾款。

然而等艾丽斯回来时，车已经被卖掉了！卖家（我们叫他鲍勃吧）解释，她去银行的时候，有人来看车，出价 13000 美元。这个买家通过贝宝支付全款，然后把车开走了。鲍勃道了歉，并退还艾丽斯 500 美元。

我打电话给我的朋友理查德·布鲁克斯，他在纽约大学法学院教合同法，向他咨询这种情况下艾丽斯应该怎么做。

法学界有一种观点认为，有时候故意违约是有积极意义的，被称为"效率违约"。肖恩的例子就是这种情况，他租房违约，但是他可以搬到离新工作地点更近的地方，与留在原居住地相比，每天可以省去 5 小时通勤时间，这样才是划算的。

问题是合同出现违约时，某一方应该得到多少补偿。当然，我们并不鼓励这种违约行为，尤其是这样做效率并不高的时候。

理查德解释，对于艾丽斯应该获得多少补偿，法律提供了三种可能的选择：（1）归还补偿或信赖利益补偿；（2）期待利益补偿；（3）不当得利补偿。

让我解释一下这些术语的含义以及为何这三种选择都不是好方案。

根据"归还补偿"，艾丽斯只能拿回自己的押金，而鲍勃则可以独享"贝宝先生"13000美元的买车钱。这似乎并不公平。艾丽斯对这辆车的估值高于她的买价，所以仅仅按她的买价进行补偿是不合算的。当然，如果只需要进行归还补偿，即买家给多少押金，就补偿多少，那么鲍勃也能以10000美元的价格把普锐斯卖给别人，不用付艾丽斯一分钱[①]。只要鲍勃能卖出高于9000美元，他就有违约的动机。这就会造成"低效违约"[②]。有可能先艾丽斯一步把车买走的人对车的估价会低于她11500美元的估价。最终的结果就如同是迫使艾丽斯以9000美元的价格把一辆她估价为11500美元的车卖回给鲍勃。她在买车交易中获得的收益全部没了。

---

① 如本段开头所说，鲍勃是不会把多卖的钱分给艾丽斯的。——译者注
② 根据前文"效率违约"意思反推，"低效违约"是指违约方在赔偿后并不能从其他地方获得更大的利益。——译者注

根据"期待利益补偿",艾丽斯的补偿数额应该由她对车的全额估价决定。在她看来,自己买了一辆价值11500美元的汽车。[5] 因此,如果鲍勃归还押金加上2500美元的违约金,这就好比是艾丽斯以她的估价11500美元把车重新卖给了鲍勃[1]。这样就能保证卖家不会违约[2],除非有人愿意支付比艾丽斯的估价还高的价格[3]。对艾丽斯来说,"期待利益补偿"当然要比"归还补偿"好得多,还避免了"低效违约"。

依据"不当得利补偿",鲍勃必须将所得的额外收入[4]全部给艾丽斯。看起来"不当得利补偿"对艾丽斯来说是最好的方案,赔偿金这么多,她会乐见合同违约的。这样她最后得到了4000美元,比她买到车还要多1500美元[5]。这就好比是她到手这辆车后,又以鲍勃卖给"贝宝先生"的价格把车卖回给了

---

[1] 艾丽斯对车的估价是11500美元,但是她的出价只有9000美元。在这种情况下,如果艾丽斯买到了这辆车,她就相当于赚了11500-9000=2500美元,这个数目等于"期待利益补偿"方案中鲍勃给艾丽斯的违约金。——译者注

[2] 在这个赔偿方案下,如果鲍勃把车卖给其他人的钱少于11500美元(尽管比艾丽斯的9000美元多卖),但这些多出来的钱,他一分都得不到,因为要把这些钱补偿给艾丽斯,所以还不如就守约卖给艾丽斯。——译者注

[3] 即比11500美元还高,只要新买家出价高于11500美元,鲍勃就有利可图(新买家价格-11500美元)。——译者注

[4] 卖给"贝宝先生"的价格13000-艾丽斯的出价9000=4000美元。——译者注

[5] 艾丽斯认为这辆车值11500美元,但她只用了9000美元买,所以在艾丽斯看来,她赚了11500-9000=2500美元。但是如果按照"不当得利补偿",她可以得到4000美元补偿,所以就相当于她多得了4000-2500=1500美元。——译者注

鲍勃。① 不当得利补偿的问题在于卖方得不到任何回报。无论鲍勃把车卖给艾丽斯还是"贝宝先生"，他都一样净得 9000 美元。这之所以成问题，是因为这意味着鲍勃不会违约把车以 13000 美元的价格卖掉，所以你也就没法让他吐出任何不当得利了。

我们用下表来总结一下艾丽斯和鲍勃得到的钱。请注意，总额一共为 13000 美元——鲍勃把车卖给"贝宝先生"的价格。

（单位：美元）

	归还补偿	期待利益补偿	不当得利补偿
艾丽斯得到的钱	0	11500-9000=2500	13000-9000=4000
鲍勃得到的钱	13000-0=13000	13000-2500=10500	13000-4000=9000

相比艾丽斯的出价，"贝宝先生"买车时产生的收益蛋糕为 13000-11500=1500 美元。这个蛋糕为 1500 美元，是把车卖给"贝宝先生"而非卖给艾丽斯时创造的额外价值。（在计算蛋糕时，我忽略了"贝宝先生"的收益，因为他不涉及艾丽斯和卖家合同违约的谈判。）

"归还补偿"方案将超过百分之百的蛋糕给了卖方，即广义上的合同违约方（鲍勃通过合同违约收益 4000 美元）。如此就会造成"恶意违约"，不公平程度堪比盗窃。

"不当得利补偿"方案将全部蛋糕给了买方，即广义上的守

---

① 艾丽斯对车的估值是 11500 美元，如果能以 13000 美元卖掉，她就赚了 1500 美元。——译者注

约方。"期待利益补偿"方案将全部蛋糕给了卖方，即广义上的违约方。不必多说，这两个方案都比"归还补偿"方案好得多。但为什么非得某一方得到全部蛋糕呢？

显而易见（尽管对法院来说并非如此），解决方案就是分蛋糕。鲍勃归还艾丽斯的押金，再另外支付 2500 美元，补偿她在合同得以履行的情况下得到的收益，然后平分 1500 美元。这样艾丽斯就得到了 2500+750=3250 美元的现金，同时还拿回了押金。这比买到车还多收益 750 美元。鲍勃最后收益 13000–3250=9750 美元，这也比他以 9000 美元的价格卖车给艾丽斯要多得 750 美元。

（单位：美元）

	分蛋糕	违约的收益
艾丽斯得到的钱	11500 – 9000+50%×（13000 – 11500）=2500+750=3250	750
鲍勃得到的钱	13000 – 3250=9750	9750 – 9000=750

如果是艾丽斯自己把车转卖给"贝宝先生"，她可以获得一笔收益，我们现在做的就是迫使鲍勃把这个利益蛋糕分给艾丽斯。试想以下谈判：艾丽斯注册了这辆车的所有权，所以鲍勃不能把车再卖给"贝宝先生"。但鲍勃有"贝宝先生"的联系方式，而艾丽斯并不知道愿出 13000 美元的神秘买家的身份。只有两人合作，艾丽斯和鲍勃才能创造这个 1500 美元的蛋糕。尽管艾丽斯

和鲍勃不愿意就这 1500 美元进行协商，法院依旧会给他们一个分蛋糕的结果。

就对卖家的激励而言，他创造 1 美元的蛋糕却只能分一半，这个解决方案并不完美。因此，他也许就不会努力寻找愿意出高价的卖家，从而形成"效率违约"。但一半的收益仍然要比"不当得利补偿"方案的零收益好得多。

激励

激励问题是一个常见的问题，根本原因在于我们计算蛋糕的时候没有考虑付出努力的成本。正如西西弗斯推巨石上山的努力要获得报酬一样，房东找新租客付出的努力、鲍勃找一个更好的买家付出的努力，都需要得到相应报酬作为补偿。

我们介绍分蛋糕的原则时，蛋糕大小是给定的：比萨案例中的 6 片或者安朱和巴拉特的 300 美元利息。创造蛋糕不需要特别的努力。在其他情况下，一方或双方都要付出努力才能创造蛋糕或把蛋糕做大。这里我重点说明做大蛋糕的案例。

当蛋糕得到恰当估价时，做大蛋糕的任何成本都可以得到补偿。如果一方花 10 美元创造出额外的 18 美元的价值，他就应该得到 10 美元的补偿。做大的蛋糕只有 8 美元，这才是应该平分的部分。当做大蛋糕所需的时间和精力难以观察或衡量，因此也就难以进行补偿时，激励问题就会出现。这可能导致人们误以为做大的蛋糕为 18 美元，而非 8 美元，从而把要分割的蛋糕总量弄错了。假如没有任何补偿，双方平分蛋糕，蛋糕总量弄错，结果花了 10 美元只能得到 18 美元的一半，也就是 9 美元，无论哪一方都会觉得不值。

在肖恩和房东的谈判中，我们提供的方案也存在这个问题，尽管并不是那么明显。肖恩支付 6 周的房租 1800 美元，在此期间房东无论以多少钱把房子租出去，肖恩都可以得到一半的租金。房东是花费精力找新租客的一方，但是她只能得到再次出租的房租的一半。再次出租的房租并不是真的蛋糕，因为它忽略了房东努力的成本。她有可能只会稍加努力，而不会全力以赴，因为她承担了所有的成本却只能得到一半的回报。（当然，比起弗吉尼亚州法律所规定的收回的租金都归肖恩所有，平分再次出租的房租已经是给房东更好的激励了。）

如果不补偿付出的努力，而是把所有额外收益都分给付出努力的一方，我们也能创造合适的激励。在我们之前的例子中，如果付出 10 美元的一方可以获得 18 美元，这种努力就值得。

这会导致一个悖论。我们如何才能把所有额外收益都给一方，然后还能分蛋糕呢？答案是要分预期的蛋糕。一方获得所有额外收益，但要支付给另一方相当于预期蛋糕一半的固定数额的钱。假如房东可以得到所有的额外收益，她就会更努力，很可能在肖恩搬出去之时就找到新租客。这样，房子就不用空置6周（按照房东更保守的估算），即免于损失1800美元。挽救的6周房租并不是蛋糕，因为我们必须首先补偿房东付出的额外努力。比如，努力成本为300美元。

（单位：美元）

预期收益	6周房租=1800
预期蛋糕	1800－300=1500
房东应得的钱	50%×1500+300=1050

在此案例中，肖恩无论怎样都须支付房东1500美元的一半加上300美元的努力成本，一共1050美元。换一个角度看，肖恩向房东支付6周的房租1800美元，房东则给肖恩预期蛋糕的一半，即750美元（净支付一样是1050美元）。也就是说，房东支付了这750美元，从而获得再次出租的全部租金。

预期蛋糕分了，房东的努力也得到了补偿，此后她可以获得再次出租的全部租金。这个方案并不完美，尽管激励措施恰当，最终也分了预期蛋糕，但所有风险现在都由房东承担。计算蛋糕的时候应该反映出这一点，这意味着肖恩应该多付给房东一点钱。这样思考一番之后，之前提出的向房东支付1200美元固定金额的方案似乎对各方都更公平，也能有恰当的激励。

我们给出的合同违约案例中，只有一方可以把蛋糕做大。在双方都可能有机会把蛋糕做大的情况下，就可能无法恰当地补偿各方做出的努力。如果一方将得到蛋糕的全部或大部分，这一方就很有动力将蛋糕做得更大，但另一方则很少或没有动力这样做。于是，一方努力而另一方不努力。当双方同意平分增加的那部分收益而非整个蛋糕时，每一方将蛋糕做得更大的动力也能对半分。即使在双方都得不到补偿的情况下，他们可能会忽视一些创造蛋糕的小机会，但会抓住做大的机会。一般而言，双方各有一半的动力比一方全力以赴而另一方不作为要好很多。

第7章
如何分到更多

大多数人还没有听说过分蛋糕法。我一直在强调谈判中弱势方的处境，如果不运用分蛋糕法，他们只能得到不到一半的蛋糕。如果你想分到一大半蛋糕，该怎么做？另一方不知道蛋糕的存在，自然也不知道他们只分到了不到一半的蛋糕。如果你坦诚相告并与其分享，他们会非常高兴。你也可以对此闭口不提。你会怎么做呢？

合并延长更改协议

我的一位同事已经在布鲁克林签署了购房合同，目前正在申请抵押贷款。由于他希望匿名，我们就称他为阿图罗吧。令他非常吃惊的是，他了解到，在纽约市 50 万美元以下的抵押贷款需要缴纳 1.8% 的登记税，而 50 万美元或以上的抵押贷款需要缴纳 1.925% 的登记税。这是笔很大的支出。他一直计划申请 100 万美元的抵押贷款，因此登记税将为 19250 美元。

平复了震惊情绪并在谷歌搜索一番之后，阿图罗了解到税法允许通过签订合并延长更改协议（Consolidation, Extension, and Modification Agreement, 简称 CEMA）降低税款。在该协议下，买家承接卖家的抵押贷款，并从售价中扣除抵押贷款的金额。当然，这仅在卖家已经有抵押贷款时才能操作。

好消息是卖家确实已有抵押贷款，贷款金额为 60 万美元。这意味着阿图罗可以接手卖家的抵押贷款并将其合并到自己的贷款中。登记税的征收将仅针对抵押贷款的新增部分（多出来的 40 万美元），而不针对已有的 60 万美元。抵押登记税将降到 7200 美元，节省了 12000 多美元！

还有更多好消息。因为买家接手卖家的抵押贷款，所以抵押贷款金额将从售价中相应地抵销。这意味着卖家支付的税款也将降低。在纽约州，卖家按售价的 0.4% 缴纳转让税，这意味着卖家将节省 60 万美元的 0.4%，也就是 2400 美元。

如此一来，合并延长更改协议总共可以帮助节省 14450 美元的税款，但律师费会略有增加。阿图罗估计净节省金额约为 14000 美元。按照我们的说法，这就是蛋糕。

	无合并延长更改协议	有合并延长更改协议
购买价格	1300000	1300000
买家抵押贷款	1000000	400000
卖家抵押贷款	600000	接管 600000
交易价格	1300000	700000
抵押登记税	19250	7200
卖家税	5200	2800
节税		24450 - 10000=14450

现在到了一个关键时刻。为了签订合并延长更改协议，阿图罗必须取得贷款银行和卖家的同意，并需要签字确认。阿图罗会怎么跟卖家讲呢？

这里有两个选择：

（1）请卖家配合他签订合并延长更改协议，概括地解释该协议会帮卖家节省一笔钱；

（2）更详细地说明情况，并提议双方平分节省的 14000 美元。

现在，你可以猜一下阿图罗是怎么做的。他闭口不言，选择了第一个方案。卖家很乐意帮忙。他不知道这个协议是怎么操作的，只是签署了必要的文件。根据税收减免规定，卖家将节省 2400 美元，而阿图罗节省的金额接近卖家的 5 倍，即 11600 美元。

你不应该过分责备阿图罗，因为大多数人都乐于接受基于买卖双方税额确定的默认分割。他们没有从蛋糕的角度看世界，也没有意识到他们的平等权。事实上，数千名签订合并延长更改协议的买家最终将80%以上的节省款项收进了自己囊中。纽约市明星房地产律师桑多尔·克劳斯称："当我代表买家时，我们要求拿到合并延长更改协议的全部节省款项并且通常会成功，而当我代表卖家时，我们总是拿到一半。"

在交易的那天早上，阿图罗的房地产律师给他致电，报告了更多好消息。律师向卖家解释，他即将获得2400美元的税收优惠。卖家很高兴，甚至提出将这笔钱与阿图罗平分！于是律师致电阿图罗邀功。买家将获得11600美元的全部再加上2400美元的一半。

对阿图罗来说，这也太多了。他告诉律师将2400美元的转让税优惠返还给卖家。但律师还没联系卖家，就又接到了一个电话。整件事勾起了卖家的好奇心，经过一番研究，卖家发现阿图罗将节省11600美元。他脸色铁青，要求平分这笔钱。

买家确实无法给出任何有原则性的反驳。如果卖家从一开始就了解情况，仅当双方都同意平分所有节省款项时，他才会签订合并延长更改协议。虽然卖家不太可能因为5000美元放弃整笔交易，但他可能会以其他方式推迟交易或证明交易很难达成。[6]

好吧，这里有一个半原则性的反驳。卖家在同意合并延长更改协议时没有提出这一问题，就是默认了 5：1 的分割比例。但是现在还让卖家遵守这个分割比例就得不偿失了，阿图罗也不想让卖家在所有新邻居面前抹黑他。他嘟囔着又多付了几千美元，他们握手言和并完成了交易。即便如此，这次经历还是让卖家和阿图罗都不痛快。

这里我提两点教训。

第一个教训，有时你可以侥幸得到一半以上的蛋糕，但这是一个危险的策略，而且你可能在对镜自照时无法直面自己。

第二个教训来自站在卖家的角度看这笔交易。当对方说这对你有好处时，你一定要弄清楚对方会获得多少。不要以自我为中心，不要只看到自己的收获。要弄清楚整个蛋糕，然后平分它。

我们还有一个更大的主题：对那些由传统、法规、按比例分割或误导性平等导致的对蛋糕的默认分割（分 12 片，而不是 6 片）时刻保持警惕。上述话题只是这个主题的一部分。如果你想打破默认分割并提议平均分割蛋糕，那就尽管去做。如果阿图罗面对的卖家当初提出了要求，他就会得到一半蛋糕。

第8章
如果对方不买账

我承认分蛋糕这种谈判观点很新颖。大多数人没有按照我们所讨论的方式进行谈判，我对此完全理解，也不觉得奇怪。除非他们自己发现了蛋糕框架，否则他们不会看到平均分配的力量，也没有工具可以用来说服他人。虽然偶有例外，但在大多数情况下，人们会以规范作为简单的启发，这随着情况和提议者的不同而变。[7]在一些情况下，我们会看到双方按比例分配；而在其他情况下，我们会看到一方未能总揽全局，只是提议平分收入或成本，或者提议平分利润但忽略了各自不同的最佳替代方案。结果就是，对一方来说公平的提议，对另一方则不然。我的目标是用分蛋糕法来提供一个一致的框架，一个对谈判双方都公平并反映他们同等权力的框架。

然而，还有一个小问题。蛋糕框架似乎失之偏颇，因为它支持规模较小或被认为实力较弱的一方。这种方法当然有可能为较小或较弱的一方带来更好的结果，但它需要另一方的配合。他们配合可能是因为希望显得很公平，可能是为了完成交易，也可能是为了在友好解决分配问题后专注于创造价值。但在其他情况下，他们会拒绝配合。

本书的任务是首先改变你看待谈判的方式，然后为你提供工具来改变对方看待谈判的方式。对权力的幻觉会让对方难以放弃，所以你需要循循善诱。

这可以从制定一些基本谈判规则开始。你可以介绍蛋糕的概念并解释为什么在该框架中双方权力是平等的。你可以将基本规则总结为："我们的共同目标是在权力平等的基础上取得公平的结果。我们努力在谈判中创造尽可能多的价值，并在价值创造中平等地分享成果。"如果对方同意这些条件，你就可以从蛋糕的角度来构建谈判框架，然后找机会把蛋糕做大。

如果不从基本规则开始，你就会有风险。即使你以平分蛋糕的提议开始谈判，你最后分到的蛋糕也很可能连一半都不到。如果对方坚持用传统方法进行谈判，并将你的开诚布公视为你单方面的图谋，而不是原则性解决方案，那么以这种方式开始的谈判会置你于风险中。在我看来，首先要解决的问题是双方如何谈判。

仅仅提出这些约定条款是不够的。你想要就这些条款与对方达成协议，还要确保双方都能遵守此协议。如果你们能就基本规则达成一致，那么就建立了把蛋糕尽可能做大这个共同利益，谈判也变成了一个联合优化问题。

如果不从基本规则开始，那么请先为自己留出一些余地，以便当你引入蛋糕框架后，可以将自己的蛋糕份额扩大到一半。这就是我的朋友在和爱德华进行域名谈判时，起初给他开价低于一半蛋糕的原因。我的朋友猜到他预期双方会有一些让步，所以配合了他。爱德华一开始要的可是超出了整个蛋糕。早些时候，我的朋友用自己的最佳替代方案（支付 1300 美元的 ICANN 争议解决费用）将他引向蛋糕框架。这个框架很快使他的要价低于1300 美元。在那个价位上，二人经历了一番博弈，然后我的朋友觉得是时候解释一下分蛋糕法了。

我的朋友用分蛋糕法来解释为什么他的划分提议不公平，然后礼貌地向他下了最后通牒：要么公平交易，要么不交易。我的朋友说："我愿意和你平分省下来的钱，我们各得 650 美元，我只能给这么多。"他试图把他的还价作为最后通牒，但他提出的数字很随意，因此没有坚持下去。我的朋友不回应他的还价，于是他经过一番思考后接受了公平交易。

在这个案例中，因为二人没有期望建立信任或找到做大蛋糕的方法，所以很快就引入了蛋糕，并且没有延迟的成本。事实上，即使二人同意分蛋糕之后，也没有建立信任，而是使用 escrow.com 中介平台来处理域名转让和转账事宜。

当然，无论这些基本规则是事先还是事后提出的，并不是所有人都会同意。对方可能是恶霸或者装出一副恶霸的样子，提出要求、威胁并下最后通牒。如果对方拒绝分蛋糕法，至少你知道你在和谁谈判。这时可能是寻找其他谈判伙伴的好时机。如果不能这样做，你可能需要再次解释为什么蛋糕代表着利害关系，为什么双方权力是平等的，为什么如果没有公平的分割就不可能达成协议。

最后解释一下，为什么双方应该同意以这种方式进行谈判。在蛋糕框架下谈判，双方权力平等，平分是公平的，分割不公就做不成交易。同意平分不会伤害规模较大的一方：平分总比不分好。

当然，如果你是传统上的弱势方，你会想提出这种方法。而要做到令人信服，你首先需要让自己信服。这可能就足够了。你可以坚持平均分配并阐释其合理性，而对方没有可以站得住脚的同样令人信服的反驳。由于不公平的分割都是专横霸道的，因此对方的任何反驳都站不住脚。当对方意识到你的立场非常有原则性时，他们就会改变主意了。如果他们想要达成协议，就必须接受公平的协议。

如果你是传统上的强势方，而对方提议采用平分蛋糕这个原则性的方法，你又该如何？我会自豪地承认，如果是我就不会反驳。因为你找不到有原则的立场来反驳。你可能不在乎公平或蛋糕，但对方在乎并且坚持获得一半也是正当的。你应该保持理智，并接受一个事实，即你先前以为自己拥有的更大权力是虚幻的。如果你拒绝有关平等权力的原则性论点，别人会认为你不肯让步，并可能让你失去这笔交易。即使达成交易，对方也可能不信任你，自然也不太愿意探索如何把蛋糕做到最大。如果你不同意平分蛋糕，很难想象对方会信任你，并和你一起探索如何把蛋糕做到最大。

如果你是强势方且对方不知道分蛋糕法，你会怎么做？这种情况更具挑战性。你可能曾经由衷地认为自己拥有更多的权力，并没有试图欺骗对方——你相信自己拥有更多的权力，因此有理由要求获得超过一半的蛋糕。而现在你知道了分蛋糕法。你还会试图维持自己权力的幻觉吗？

有些人会选择分享我们的分蛋糕法。那些因不想被人占便宜而不喜欢谈判的人通常也不想占别人便宜，即便他们可以。因为这样做违背了他们的道德观。他们遵守道德金规则：希望自己被如何对待，就该如何对待他人。他们想要一个公平的解决方案，现在他们有了方案，就会想分享它。

其他人会出于策略原因选择分享我们的方法。如果不运用分蛋糕法，你最终只会执迷于那些无关紧要的衡量标准，比如规模或市场份额。对方可能会觉得自己的贡献没有得到应有的尊重，即使他还不会用这套与蛋糕相关的措辞来表达自己的顾虑。他可能会放弃任何他认为不公的交易。因此，最好分享我们这个有原则性的谈判方法并和对方达成协议。

当对方觉得自己被视为平等的合作伙伴时，他们更愿意与你一起把蛋糕做到最大，所以这很可能达成一个更好的协议。分蛋糕的交易可以快速高效地完成。从长远来看，有原则的谈判者将提高他们在公平方面的名声，并成为有吸引力的交易对手。这意味着可以创造更多的蛋糕，即使这也意味着更平等的分享。

克里斯·沃斯（《强势谈判》的作者）建议以承诺公平交易开始一场谈判。他要求对方在感觉到不公时能够坦诚相告。这不仅仅是对希望得到公平对待的弱势方的建议，也是对强势方的建议。他的理由是，人们如果觉得自己受到了不公平对待，就会拒绝合作。他们不会和你一起把蛋糕做大，甚至可能不愿意做交易。公平行事并表明自己的这个行事原则，将有助于你达成更多交易。

在这一点上，我完全同意克里斯·沃斯的观点，而且我可以进一步说明。除非双方对公平的含义有相同看法，否则每一方都可以选择对自己有利的公平视角，且实际情况往往如此。当双方就公平意味着什么这一问题达成共识时，公平交易的承诺会更有说服力。分蛋糕法提供了急需的关于公平的中立视角，双方都可以采用。

强势方会出于道德（金规则）、实际情况和策略原因选择平分蛋糕。在大多数情况下，他们应该会成功。然而，有时你也可能想选择闭口不提。在跳蚤市场上，你不必为凑齐茶具套装而为单个茶杯出价 100 美元。如果对方主动提出对你有利的分割比例，你可以选择同意，而不必牵头做这件事。但是，当对方提出有逻辑的论点时，就不要试图争辩了。

使用客观标准怎么样？

费希尔和尤里建议采用客观标准来分蛋糕。他们提供了市场价值、成本、先例、效率、传统、法院判决和平等对待等示例。我担心的是，当存在多个标准时，人们会选择最迎合自身情况的标准。我当然同意平等对待，但人们必须留意的是，被平等对待的是什么——钱还是人？平等对待投资金额会导致按比例分配，而平等对待人会导致按照 6 : 6 或 7 : 5 的比例分比萨，这取决于我们关注的是总量还是蛋糕。

市场价值和成本等客观标准有助于确定蛋糕，但它们并没有指导如何分蛋糕。以我与爱德华之间的域名价格谈判为例，相关数值不是域名的市场价值（如果有的话），而是 ICANN 流程的成本。即使是这个客观金额也不能提供答案，它的作用只是提供答案的可能范围，从 0 美元到 1300 美元。我们知道法院会如何判决：我会赢。我们谈判是为了避免花费 1300 美元的成本上 ICANN 的法庭。有什么客观标准可以帮我们分这个价值 1300 美元的蛋糕吗？

有一个普适的客观标准：当正确衡量蛋糕时，双方在创造价值方面同等重要。这就是为什么我主张一种特定形式的平等对待：平分蛋糕。我同意费希尔和尤里的观点，他们认为"客观标准不受各方的意愿左右"。我认为客观标准也需要不受具体的谈判左右，而且最好只有一个标准，这样就不会发生冲突。我们想要一条不被每一方意愿左右并适用于所有谈判的客观标准。从蛋糕的角度来制定谈判框架，承认平等的贡献，然后平分蛋糕，这完全符合上述要求。

接下来的第二部分提供了如何在成本分摊的背景下分蛋糕的各种示例。在第三部分，我将回答余下的"是的，但是"之类的问题。至于如何做大蛋糕这个话题，似乎尚未被提及。

到目前为止我都在强调如何分蛋糕，原因很简单：如果你一直对周围的人疑虑重重，就很难共同创造出最大的蛋糕。比较一下你在以下两种情况下的舒适度：

（1）我们一起来找合作方式，我确信我们可以找到公平分配共同创造的成果的方法；

（2）让我们同意平分我们共同创造的成果。我确信我们可以找到做大蛋糕的方法。

第一种情况基本上是在说"相信我"。就像有人说"实话实说"时我会提高警惕一样，我不得不信任对方时会变得焦虑。[①] 在第二种情况下，我们已经按照有原则性和公平的方式解决了有争议的部分，这就提供了合作框架。

有句老话说，分享一件还没到手的衬衫更容易。如果我们连就如何分享尚未创造的东西都无法达成一致，我会担心衬衫到手之后恐有争执。这就是为什么我如此专注于如何分蛋糕的问题。归根结底，我认为解决分配问题可以释放将蛋糕最大化的潜力，至于实现这一目标的工具则是第四部分的主题。第五部分介绍了如何为此做准备以及应该透露什么信息，还会介绍一些仍然可以在更传统的谈判中用于创造（或至少不破坏）和获得蛋糕的工具。

与此同时，我们不能忽视创造蛋糕的一个关键步骤：必须达成协议。"不成交"会毁掉蛋糕。在需要共同努力创造价值或节省成本的情况下，如果不能就如何分割达成一致，那就没有蛋糕可言了。传统的专横方法是不公平的，所以达成一致变得更加困难。

---

① 当有人说"实话实说……"或"实话告诉你……"时，我会怀疑他们所说的其他内容是否同样属实。

　　　　　　　　　　　　　　　　　　多赢谈判

第二部分

成本怎么摊

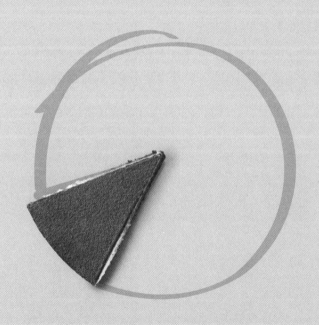

到目前为止，我们的重点一直是如何分配"正值蛋糕"。例如，安朱和巴拉特合作赚取更多利息，《星球》和《公报》通过共享订阅者列表创造价值。同样的方法也适用于分配"负值蛋糕"，即不得不支付的成本。这是关于各方应承担多少成本的谈判。

这类问题比比皆是，小到如何在公司各部门之间分摊费用或如何分摊乘车费用，大到世界各国应如何分摊减少碳排放的成本等根本性挑战。每个人都看到了共同分担的好处，但没人愿意付出超过合理范围的成本。

与分配收益相比，关于成本分摊的谈判就没那么有趣了，也会更情绪化，问题也更多。这就是为什么我先讨论如何分配正值蛋糕，再来讨论这个让人不那么开心的话题。当谈判难度提升时，一个公平、合乎逻辑的结构会更加彰显其价值。因此，我们就有了分配负值蛋糕的方法。

在一些情况下，人们会通过具体协商来解决问题，而在另一些情况下，当事各方会寻求一种对各方都公平的成本分摊原则。你可以将公平的成本分摊原则等同为公平的谈判结果，只是你不必真的付诸谈判。正如你猜到的，我认为分蛋糕法就是一种公平的成本分摊原则。

这一部分我们将以《塔木德》中关于如何分摊成本的商训作为开篇。据我所知，这是运用分蛋糕法的最早案例。如果你想直奔主题的话，可以直接跳到第10章阅读关于成本分摊的现代案例；对历史感兴趣的读者则请继续往下看。

第9章
塔木德方案

分蛋糕法的基本思想可以追溯到两千多年前的巴比伦《塔木德》。《塔木德》是犹太民法、刑法和宗教法的基础，主要由案例研究组成，从中你可以学到很多通用的经验教训。其中一个特别吸引人的案例就是关于如何解决财务纠纷。

《塔木德》提供了如下解决方案：

> 甲乙两人拿着一件大衣上法庭。甲说："整件大衣都是我的！"乙说："大衣有一半是我的。"最终，甲分到3/4，乙分到1/4。

这个解决方案看上去有点奇怪。甲说大衣全是他的，乙说大衣有一半是他的，按比例分配的话，应该是2：1，则甲得2/3，乙得1/3。但塔木德方案认为比例应该为3：1，3/4给声称拥有全部大衣的甲，1/4 归声称拥有一半大衣的乙。

这个解决方案背后有一个简单逻辑，即"分布原则"，这个原则与我所说的分蛋糕如出一辙。[8]

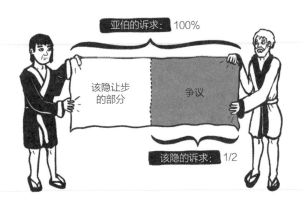

想象一下，争议双方——我们就叫他们该隐和亚伯——各执一块布的一边。亚伯拿着布的左边，他声称整个蛋糕或者说整块布都归自己所有，什么都不分给他的兄弟该隐。该隐则要求将布对半分，他得到右半边，左半边给亚伯。

把两人的诉求放在一起看，我们会发现争议其实就只在那半块布。该隐同意分一半给亚伯，因此这一半是没有争议的。塔木德方案就是让每一方都先得到对方让步的部分（无争议部分），然后再分有争议的部分。亚伯先得到了该隐让步的一半，再分到有争议部分的一半，加起来是 3/4。亚伯对该隐没有任何让步，所以该隐只得到争议部分的一半，即一半的一半，也

　　　　　　　　　　　　　　　　　　　多赢谈判

就是 1/4。

此时你可能会想：为什么该隐只要半块布？如果该隐索要更多，他就会得到更多。是的，这一诉求在按比例分配和分布原则下都成立。我们认为每一方都会提出其可证明的最大诉求。亚伯要求更多，可能是因为有合理的外部因素，比如别人欠亚伯两倍的钱。

我们可以将谈判分成两步，第一步是提出诉求，第二步是在确定诉求后进行分配。塔木德方案的重点是如何分配的问题。在一些谈判中，索要的金额是不可变通的。我们以一笔遗产要偿还给两位债权人为例，需要还给亚伯 100 美元，还给该隐 50 美元。但不幸的是，遗产总共只有 100 美元。在这种情况下，债务的规模没有争议。问题在于债权人应该如何分配这 100 美元，因为遗产根本就不够分。

如果没有塔木德方案，你可能会想到用按比例分配的方法。分给 100 美元债权人的金额将是 50 美元债权人的两倍，按比例分配的话就是分别拿到 66 美元和 33 美元。分布原则为你提供了第二种公平方案。100 美元的债权人（亚伯）得到没有争议的 50 美元以及有争议的 50 美元的一半，总共 75 美元，而该隐得到余下的 25 美元。按比例分配原则是平等对待每一美元的债权，而分布原则是在争议金额上平等对待每一位债权人。

分布原则也可以用分蛋糕法加以解释，尽管并不是那么显而易见。我们接下来的例子会说明两者之间的关联。

让我们回到最初关于 12 片比萨的谈判。我在前面说过，在没有达成协议的情况下，艾丽斯会得到 4 片比萨，而鲍勃会得到 2 片，因此谈判的关注点是达成协议的情况下他们从佩佩那里得到的额外 6 片。从塔木德方案的视角看，艾丽斯和鲍勃对这 12 片比萨的主张互不让步。我们需要调整一下叙事方式，按照承诺，艾丽斯可以得到 10 片比萨，鲍勃可以得到 8 片，但比萨一共只有 12 片。艾丽斯"只"要求得到 10 片，这意味着她将 2 片让给了鲍勃。备选方案就是鲍勃把艾丽斯索要的全部 10 片都给她，自己留下 2 片。同样，鲍勃要求得到 8 片，将 4 片让与艾丽斯。这样的话，艾丽斯和鲍勃知道他们分别能拿到至少 4

片和 2 片后，便开始谈判。谈判的重点从总共 6 片变成了 12 片。争议部分是双方都想要的 6 片。根据分布原则，将有争议的 6 片平分后，艾丽斯共得 7 片，而鲍勃得到 5 片。

分布原则自然适用于成本分摊。下面我们还是用该隐和亚伯来举例，但会将他们置于现代情景中。该隐和亚伯是牧羊人，他们厌倦了传统羊毛剪，正在考虑在亚马逊上购买电动羊毛剪。由于羊每年只需要剪一次毛，兄弟俩可以轻松共用同一把电动羊毛剪。[9]

在他们点击"立即购买"按钮之前，他们必须就如何分摊成本达成一致。如果该隐和亚伯有相同数量的羊，答案就很简单：平摊费用。现在情况有点复杂，亚伯的羊是该隐的两倍，因此亚伯的收益是该隐的两倍。

出于私利，该隐和亚伯都希望对方承担尽可能多的费用，同时又希望能尽量公平。怎么分摊才公平呢？意料之中地，该隐提出按比例分摊：亚伯应承担 2/3 的费用，因为他的使用量和获得的收益都是该隐的两倍。亚伯却认为该隐提议这个方案是因为该隐嫉妒自己有更多的羊。他反驳，公平意味着平等对待：两人应各支付一半的费用。双方争执不下，一筹莫展。

按照塔木德方案，成本分摊的方式取决于各方潜在收益的总成本。我们假设几个数字来进一步说明。假设电动羊毛剪带给亚伯的收益为 200 美元，带给该隐的为 100 美元。

不论电动羊毛剪的价格如何，我们都可以用分布原则来分摊费用。

如果羊毛剪售价为 50 美元，则按照亚伯的提议，将费用平分。

如果羊毛剪售价为 150 美元，则按照该隐的提议，将费用按比例分配。

如果羊毛剪售价为 250 美元，则亚伯支付 175 美元，该隐支付 75 美元。

如下表所示：

（单位：美元）

羊毛剪的价格	亚伯（收益为 200）	该隐（收益为 100）
	亚伯支付	该隐支付
50	25	25
150	100	50
250	175	75

乍看之下，塔木德方案似乎既武断又故弄玄虚。但当我们用分蛋糕法看这场谈判时，这个分配原则就变得清晰了。

我们先看一下当羊毛剪售价为 50 美元时的情况。

如果该隐和亚伯达成协议，他们会共用一把电动羊毛剪。他们的总收益为 300 美元，而羊毛剪售价为 50 美元，因此他们的净收益合计 250 美元。但蛋糕是协议前后的收益差，因此，我们还必须弄清楚该隐和亚伯如果不达成协议会怎么做。亚伯将自行购入一把羊毛剪。按照收益为 200 美元、成本为 50 美元来计算，他的净收益为 150 美元。同样，该隐也会自行购入一把羊毛剪。按照收益为 100 美元、成本为 50 美元来计算，他的净收益为 50 美元。也就是说，如果他们不共用羊毛剪而是各自购买，他们仍然会获得 150 + 50 = 200 美元的净收益。

（单位：美元）

羊毛剪价格 50	亚伯收益 200	该隐收益 100	合计
合用羊毛剪的净收益			300-50=250
不合用羊毛剪的净收益	150	50	200
蛋糕			50

蛋糕就是他们共用一把羊毛剪时的收益（250 美元）减去他们各自购买羊毛剪时的收益之和（200 美元），即 50 美元。这很直观，该隐和亚伯都不用购买第二把羊毛剪，因此节省 50 美元。该隐和亚伯对这笔节省下来的费用有同等贡献。如果亚伯放弃这笔交易，就会损失这 50 美元。如果该隐放弃这笔交易，也会损失这 50 美元。所以双方在这 50 美元的节余上有同等贡献。

按照塔木德方案，双方将平分这 50 美元。两人各节省 25 美元，也就是说，亚伯和该隐各支付 25 美元（而非 50 美元）。

我们也可以用分布原则来解释这一结果。这块布为250 美元——这是他们两个人在支付羊毛剪费用后要分配的金额。亚伯可以要求拿到 200 美元，因为这是他可能获得的最大收益。也就是说，亚伯同意将 50 美元让与该隐。该隐最多仅可要求拿到 100 美元，即该隐同意将 150 美元让与亚伯。两人同意让出的金额合计 200 美元，所以还有 50 美元是有争议的。他们平分有争议的这部分金额，即各得 25 美元。该隐最终收益为亚伯让与的 50 美元加平分的 25 美元，总共 75 美元。亚伯最终收益为该隐让与的 150 美元加平分的 25 美元，总共175 美元。两人各支付 25 美元成本后，该隐净得 75 美元，亚伯净得 175 美元。尽管我认为用分蛋糕法更容易解释一些，但两种方法最终的结果是一样的。

如果成本是 150 美元，又会如何呢？

如果共用羊毛剪，他们的总收益为 300 美元，而羊毛剪售价为 150 美元，因此他们的净收益合计为 150 美元。同样，我们要先看一下如果不合作，该隐和亚伯会怎么做。亚伯仍会自购羊毛剪，按照收益为 200 美元、成本为 150 美元来计算，现在他的净收益为 50 美元。而对该隐来说，如果他自己买羊毛剪，他将亏损 50 美元。他还是保持现状更好，则收益为 0 美元。因此，如果不共用羊毛剪，他们未来的获益为 50+0=50 美元。

现在蛋糕为 150-50=100 美元。这同样也很直观。如果不共用羊毛剪，该隐的收益为 0。现在，通过共享亚伯的羊毛剪，该隐可能无须支付额外费用就可获得全部收益 100 美元。如果平分蛋糕，双方应该各得 50 美元。你可以把这看作该隐付给亚伯 50 美元作为借用羊毛剪的费用。该隐为价值 100 美元的收益支付 50 美元，所以他最终收益为 50 美元，而亚伯则从该隐这里获得了额外的 50 美元。

（单位：美元）

剪刀费用 150	亚伯收益 200	该隐收益 100	合计
合用羊毛剪的净收益			300-150=150
不合用羊毛剪的净收益	50	0	50
蛋糕			100

如果用分布原则来解释，这块布就是 150 美元。亚伯要求的收益是 200 美元，所以他让与该隐的金额为 0。但该隐只能索要 100 美元，因此他让与亚伯 50 美元。这样一来，这块 150 美元的布中的 50 美元是通过让与分配的，剩下的 100 美元则存在争议。各方都获得额外的 50 美元（争议金额的一半），所以亚伯获得 50+50=100 美元的收益，而该隐则获得 0+50=50 美元的收益。最后一步是将收益转化为支付的成本。亚伯支付 100 美元，收益

100 美元；该隐支付 50 美元，收益 50 美元。这些是在分布原则下的收益。

分布原则的一个关键特征是，一旦你要的是整个蛋糕，你要求再多也不会有额外收益。如果有 150 美元可以分配，亚伯要求 200 美元，他的所得也不会比只要求 150 美元得到的更多。你可以合理要求的极限就是整个蛋糕。

该隐和亚伯在后一种情况下并没有均分费用，在前一种情况下则没有按比例分摊费用。而在这两种情况下，他们都在平分蛋糕。你可以预测羊毛剪的成本为 250 美元时的结果。该隐和亚伯仍将平分蛋糕。让我们来验证一下。

如果他们共用羊毛剪，他们的净收益为 300-250=50 美元。如果他们不合作，那这 250 美元的羊毛剪成本太高了，他俩谁单独买都会觉得不划算。如果不合作，双方最终收益都为 0 美元。因此，蛋糕是 50-（0+0）=50 美元。平分蛋糕，则两人各得 25 美元。亚伯为 200 美元的收益支付 175 美元，他的最终收益为 25 美元。该隐为 100 美元的收益支付 75 美元，他的最终收益为 25 美元。[10]

羊毛剪的例子可能看起来有点牵强，但它代表了大量商业谈判的情况。我们可以把羊毛剪替换成某个软件包。使用该软件包，每个员工的管理成本可以下降 1 美元。亚伯有 200 名员工，该隐有 100 名员工，因此亚伯的潜在收益是该隐的两倍。或者可能是类似"喝牛奶了吗?"这样的联合营销活动。亚伯的乳制品市场份额是该隐的两倍,因此随着需求增长,亚伯获得的收益也将是该隐的两倍。正如我们看到的,一方的收益是另一方的两倍,并不意味着他就应该承担 2/3 的成本。当出现收益不平等的情况时(这几乎一直存在),塔木德方案为谈判提供了一个公平的解决途径。

分蛋糕法的思想可以追溯到《塔木德》,这非常了不起。这个办法统一了看似不同的三种解决方案。它解决了如何平等对待处于不平等地位的人的问题。结果是公平的,因为当我们根据谈判中的利害关系来衡量收益时,这部分收益得到了平均分配。

分布原则揭示了一个深刻的道理,即谈判是针对有争议的数额或者我们所谓的蛋糕。当你第一次看到这个问题时,你可能会认为该隐和亚伯正在协商如何分配 200 美元和 100 美元的收益;或者你可能认为他们正在协商如何分摊成本,无论这个成本是 50 美元、150 美元还是 250 美元。这两种想法都不对。谈判的重点是创造蛋糕。这才是关键所在。如果你不了解谈判的核心所在,那么你就很难想出一个有原则的解决方案。

第10章
找出隐藏的蛋糕

　　我们都遇到过这样的情况：不得不支付超出自己应付份额的费用，或至少有过这种感觉。无论是在工作中还是在游玩过程中，当我们和其他人一起组团时，都需要算出每个人应该付出多少。平均分摊成本往往并不公平。两对夫妇共享一个度假房，其中一对分到的是主卧该怎么分摊呢？或者其中一对有孩子，占用了三间卧室中的两间呢？

　　同样的问题在公司合作的时候也会出现，但规模要更大。现在各大汽车制造商正在欧洲修建快速充电站网络，这些制造商应该如何分摊高达数十亿欧元的成本呢？答案肯定不是均分。你可以把制造商的不同市场份额看作要使用的不同数量的卧室。

　　除了在商业领域，成本分摊在全球性问题上也会出现。工业化国家应如何分摊支持经济发展和人道主义援助的成本呢？倘若所有工业化国家的面积、人口和经济水平（GDP，即国内生产总值）都一样，那平分成本就是公平的。但实际上这些指标完全不一样，这时每个国家应该分担多少呢？

典型的解决方案是按照一定的比例来分摊成本，不管对应的是卧室、市场份额还是 GDP。在上述前两个案例中，这种方案的潜在动因是这个比例代表了所获利益，而在第三个案例中，这更像是平均分摊人道主义援助的负担。显而易见，按比例分摊的方法不合逻辑，且不公平。

根本问题在于你如何平等对待处于不平等地位的各方。在某些情况下，这就是要寻找公平分摊成本的原则。不是所有情况下都要谈判。家人朋友之间自然不想因为谈判影响彼此的关系，他们只想公平行事。

一家公司的成本需要所有项目和部门一起分摊。经理们也不想花时间去谈判这些问题，就像一家人一样，他们只是想要一个公平的原则。其他情况下，进行谈判是有必要的，因为如果各方不能就如何分摊成本达成共识，他们就难以推进这个项目。在所有的情况中，你都需要用分蛋糕法来分析问题。分蛋糕意味着分摊成本，这个方法既符合逻辑又公平。

下面我将以一些生活中的小事为例，来展示在成本分摊场景中分蛋糕法是如何运作的，比如差旅费分摊或者拼车。这些事例虽小，但我觉得它们各有趣味。从中可以看到，即便蛋糕显而易见，人们还是会对它视而不见。此外，这些例子也展示了我们分摊输水管道的数百万美元成本或电动汽车充电站网络的数十亿美元成本时运用的逻辑。

差旅费分摊难题

我曾经要分别去休斯敦和旧金山做演讲。如果不在这两场演讲之间做任何协调，我就必须飞两个来回。幸运的是，两场演讲的时间都很灵活。我协调两个日程之后，就可以飞一个三角形路线，机票费一共2818美元[①]。

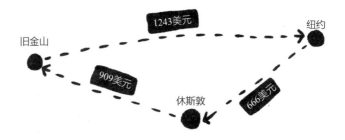

但这样协调的问题在于：休斯敦一方和旧金山一方该如何分摊这2818美元呢？

这两方实际上并没有进行谈判，是我代表他们在我脑海中构

① 我知道这个费用很高，不过我坐的是商务舱。

多赢谈判

想了谈判过程。为了想出一个公平的解决方案，我希望你可以跟随我想象如何进行一场真正的谈判。因为在我看来，一个公平的成本分摊原则，正是他们就各方应该支付的费用进行谈判后所得到的结果。

在这个例子中，你可以将谈判双方想象成一个公司的两个部门，他们正试图商讨如何分摊一名员工的差旅费。双方都愿意支付自己应付的部分，但同时又想尽可能地少付。

现在，你知道需要找出最佳替代方案。如果双方不能达成一致，我就要来回飞两趟。休斯敦一方要支付 1332 美元，是纽约飞往休斯敦的单程票 666 美元的两倍。同样，旧金山一方要付2486 美元，也是纽约飞往旧金山的单程票的两倍。

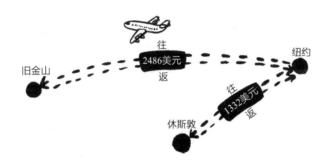

显然，双方不能平分机票总额。如果那样，休斯敦一方就要支付 2818 美元的一半，即 1414 美元，这比纽约与休斯敦之间的往返票还贵。这让我想起了电影《阿波罗 13 号》里的台词：

休斯敦，我们遇到麻烦了。

休斯敦一方和旧金山一方很快达成部分共识。他们认为，我无论如何都要飞到休斯敦，所以休斯敦一方应该承担纽约到休斯敦的单程票 666 美元。同样，旧金山一方应该负担旧金山到纽约的返程票 1243 美元。剩下的问题就是如何处理休斯敦到旧金山的 909 美元。

旧金山一方提议双方平摊这段路程的费用，各负担 454.5 美元。

休斯敦一方则提议，应该按照各自单程票价的比例来分摊这段路程的费用。休斯敦付 317 美元，旧金山付 592 美元。这个提议等同于按照往返机票费的比例（2486 ： 1332）来分担总金额 2818 美元。

你觉得哪一个更合理？

但愿你两个都没选。解决这个问题的正确方法是从分蛋糕的角度来分析。双方为何要协调日期？为了省钱。省下的钱为：

两趟往返的费用 - 三角路线的费用

= （2486+1332）-2818

=1000（美元）

看，一个整千数隐藏于此。虽然我们在讨论分摊成本的问题，但实际的蛋糕是省下的费用，是一个正数。

如果双方协调一致，就可以省 1000 美元，如果不能达成一致，1000 美元就损失了。双方对省下的 1000 美元有同等贡献，所以应该各得一半。双方各自应该支付的金额等于各自往返机票价格减去省下的 500 美元，即：

休斯敦一方付：1332-500=832（美元）

旧金山一方付：2486-500=1986（美元）

我选择这个例子是因为它展示了蛋糕是怎么隐藏在大家眼皮子底下的。谈判方通常都会为自己方案的公平性寻找理由。总费用平分、某段路费平分、按比例分担，这些都是平等（或按比例）对待机票费或某段差旅费的方式。而公平不应该着眼于机票费或某段差旅费。公平在于平等待人，因为是人和人在协商，而非一段段航空旅程。

有些读者也许想问，作为演讲者的“我”是不是也应该在这个蛋糕里分到一份。也许吧。不过在我构思这个谈判的时候，我就是公司的一员，所以谈判是两个部门之间的事。而且，我也没有计算这个方案帮我省下的时间、免受的疲惫以及减少的温室气体排放。

共享跑道

我选择接下来这个例子是因为它能让你了解如何不用"分蛋糕"的一套措辞就可以解释清楚分蛋糕解决方案。同时它也让使用按比例分摊成本方法存在的问题一览无余。

两家航空公司正寻求共享一条跑道。跑道还没建好。航空公司 A 运营小型涡轮螺旋桨飞机，只需要一条 1000 米长的跑道。航空公司 B 的飞机是波音 737，需要一条 2000 米长的跑道。

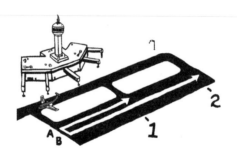

跑道的建造成本很高。1000 米跑道的造价约为 500 万美元，2000 米跑道的造价约为 1000 万美元。如果两家航空公司不能达成一致，他们将各自建造单独的跑道。（当然，这不太可能发生，因为他们有很大的动力去达成一致。）

两家航空公司应该分别付多少钱？有两个常见的答案。

（1）航空公司 A 付 333 万美元，航空公司 B 付 667 万美元。

（2）航空公司 A 付 250 万美元，航空公司 B 付 750 万美元。

第一个方案的依据是航空公司 B 使用两倍长的跑道，所以应该支付两倍的费用。这是按比例分摊的解决方案，成本按使用跑道长度的比例分摊。

第二个方案的依据是航空公司 A 不会使用跑道的后 1000 米，因此后 1000 米的全部费用应该由航空公司 B 支付。两家航空公司实际上只共用前 1000 米跑道，所以这就是他们应该平分的成本。因此，航空公司 A 应付 500 万美元的一半，而航空公司 B 支付另一半加上后 1000 米的全部 500 万美元成本。

我觉得第二个方案是有道理的。假设航空公司 B 运营的是 A380 客机，需要一条 3000 米的跑道，总成本将升至 1500 万美元。如果成本按使用比例分摊，航空公司 A 将支付总额的 1/4，即 375 万美元（航空公司 B 将支付剩余的 3/4）。在这种情况下，我觉得这个方案就说不通了。航空公司 A 支付的费用不应取决于航空公司 B 的需求，因为这与 A 无关。

在这个例子中，我们不用"蛋糕"便可解决谈判问题。但分蛋糕解决方案恰巧与第二个方案一致，这并不令人意外。如果双方不能达成一致，总成本为 500 万美元 +1000 万美元 =1500 万美元。如果双方达成了协议，总成本仅为 1000 万美元。合作将为双方节省 500 万美元。

谁对省下的钱贡献更大呢？他们的贡献一样，因为两家公司都无法在没有达成协议的情况下省 500 万美元。因此，他们应该平分省下的 500 万美元。这意味着航空公司 A 支付：500 万美元 –250 万美元 =250 万美元，航空公司 B 支付：1000 万美元 –250 万美元 =750 万美元。

令人欣慰的是，分蛋糕解决方案与我们的直觉一致。有时，你凭直觉就能够找到分蛋糕方案。尽管如此，我还是建议从分蛋糕方案着手。你在向对方解释时可能不会使用分蛋糕相关的措辞，但这是检验你的直觉是否准确的好方法。

我们比较一下共享跑道和三角形路线的解决方案。这很有用，因为它显示了不用分蛋糕法可能多么具有误导性。

假设第一次演讲是在丹佛，位于纽约和旧金山之间。如果使用解决跑道问题的方案和分蛋糕方案，就该由这两个城市来分摊纽约到丹佛的往返费用。如果我们把飞机想象成长途优步，那么这两个城市可以共享往返丹佛的路程。

　　　　　　　　　　　　多赢谈判

相比之下，如果我们采用最初的费用分摊逻辑，丹佛应该承担纽约到丹佛的费用，因为无论如何我都必须到丹佛，而旧金山应该承担旧金山到纽约的费用，因为我无论如何都要从旧金山回家。问题就会变成如何分摊丹佛到旧金山的费用。

这一逻辑的错误在于没有考虑到达丹佛让我离旧金山更近。这就是为什么旧金山应该分摊我去丹佛和让我从丹佛回纽约的费用。你可以将纽约到丹佛的行程想象成跑道的第一个 1000 米，费用应该由双方分担。第二段路程全部由旧金山承担。但是用这个方法找到答案有点难，计算蛋糕则容易些。

根据这个修改后的例子中的数值，总节省费用为 1600 美元。丹佛应付 800 美元，而不是纽约到丹佛的往返费用 1600 美元。旧金山则应付 2486–800=1686 美元。

当跑道或飞行路径有重叠部分时，我们的直觉很有效。但当涉及绕路的情况，事情就会出错。这一点我们将在下一节的拼车例子中重点讲解。

虽然跑道的例子可能看起来有点假，但事实上这是一个非常普遍的问题。在第 14 章中，我们将研究一个案例：几家房地产开发商分摊与其相邻房产共用的供水管道的成本。这些房产如一条跑道那样由西向东分布。最东边的房产需要最长的支线，而最西边需要最短的支线。（此处没有使用管道例子是因为涉及 5 家不同的公司。我们会在讨论多方谈判时再使用这个例子。）

对城市居民来说，生活中很常见的一个例子是多层公寓的业主应该如何分摊电梯成本。在美国，尽管电梯对每个人的价值根本不相等，但所有公寓成员平均分摊成本是很常见的。你也许认为理应如此。

而在法国，法律规定业主"按受益比例"支付费用。一楼的人根本不用电梯[11]，二楼的人只使用一段电梯，三楼的人需要使用两段电梯，而顶层的人需要使用电梯的全部运行段。根据公式分蛋糕，高楼层的人应按比例支付更多费用。如果电梯需要新建或大幅改造，使用这个分蛋糕框架算出来的结果会更合理。法国许多公寓均为私有，若住在高层的居民提议对老旧电梯进行大规模升级，这时合理的结果就很重要。低楼层的人并没有阻止改造，因为他们只承担了一小部分成本。使用分蛋糕框架可以帮助我们在职场和家庭中更和睦地相处。

拼车

优步和来福车（美国第二大打车应用程序）规模足够大，所以不管你用哪个应用程序叫车，司机都能在几分钟内出现，通常还是同一个司机。在拼车方面，来福车面临的竞争更激烈。优步称这项服务为"优步拼车"，来福车则称之为"来福共享"。优步因规模更大而在这个领域占据了竞争优势。

在过去的几年里，这两个竞争对手的相对市场份额一直保持在大约70∶30，优步领先。如果有70人乘坐优步，大约有2500种拼车组合（确切的数字是70×71/2=2485）。而乘坐来福车的有30人，只有465种拼车组合。虽然优步的市场份额只是来福车的两倍多，但是可以创造出5.4倍的拼车组合。

以下思维实验可能会有助于理解。航空公司1每天只有一班航班往返于纽约和洛杉矶之间，而航空公司2每个方向都有10班。在时刻表方面，航空公司1只有一个往返选项，而航空公司2有100个可能的选项，10个去程，加上10个回程。航班数量的10倍意味着往返航班选择数量的100倍。

优步和来福车也是如此。它们的市场规模之比为7/3≈2.33，这意味着拼车方式的比例为$(7/3)^2 ≈ 5.44$。

拼车不仅可以省钱、减少拥堵和减少温室气体排放，也是优步力压来福车的倚仗。但要让拼车成功，优步必须弄清楚每位乘客应该支付多少费用。好消息是，两个陌生乘客之间不必为此进行协商。那么，公平分摊车费的方式是什么呢？

我们以艾丽斯和鲍勃都前往洛杉矶国际机场为例。艾丽斯从盖蒂博物馆出发，鲍勃在辻田拉面馆上车。从地图上可以看到，鲍勃在盖蒂博物馆到机场的路途中间。

　　如果艾丽斯一个人打车去机场，车费 16 美元，而鲍勃一个人的车费是 10 美元。由于鲍勃就在路途中间，拼车成本总计 16 美元。这与共享跑道的例子相同。艾丽斯应该支付盖蒂博物馆和辻田拉面馆之间的全部车费，然后他们再平摊剩余的费用。艾丽斯付：6 美元 +50%×10 美元 =11 美元，而鲍勃付：50%×10 美元 =5 美元。

　　不使用分蛋糕法也能轻松解释这个问题。为什么鲍勃所付的费用要取决于艾丽斯的上车点呢？如果艾丽斯从哈默博物馆而不是盖蒂博物馆上车，鲍勃也应该付这么多。付多少是由他们同行的路程决定的。

　　这正是我们分蛋糕得到的结果。拼车可以节省 10 美元。如果每个人单独打车，总车费是 16+10=26 美元，而拼车的费用是 16 美元。如果他们分蛋糕，各方可省 5 美元。艾丽斯付：16-5=11 美元，鲍勃付：10-5=5 美元。

　　现在我想让拼车的例子更复杂些。正如我们从下图中看到的，艾丽斯和鲍勃拼车去洛杉矶国际机场。和之前一样，艾丽斯先上车，然后接鲍勃，车费一共 10 美元。艾丽斯和鲍勃各自应付多少车费？

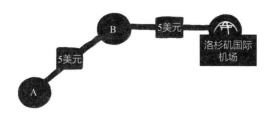

很容易想到的答案是艾丽斯为她独自一人的路程支付全部车费 5 美元，然后艾丽斯和鲍勃平摊剩下路程的车费。艾丽斯付 7.5 美元，鲍勃付 2.5 美元。但这个答案是错误的。

错误的主要原因以及该问题与共享跑道问题的不同之处在于：鲍勃的位置并不在艾丽斯去机场的路上。如果艾丽斯直接去机场，车费只要 9 美元，而非 10 美元。我承认这个事实在原先的案例中被排除在外了。但在现实生活中，蛋糕不会自动到你的手上，你必须自己探究一番才能获得计算蛋糕所需的信息。

在这个案例中，找信息很容易。优步和来福车提供预估车费服务，艾丽斯可以提前知道自己直接去机场要花多少钱。这就是 9 美元的来源。

蛋糕计算错误的另一个原因是艾丽斯因为绕道而损失了时间。乘车时间更长，即使拼车也不是那么舒服。另一方面，她很高兴知道自己正在减少交通拥堵和碳排放。综合来看，这些负面影响和正面影响可以互相抵消。由于鲍勃坐上车后是直接去机场，所以他不会浪费任何时间，他也不介意跟人搭伴。

因此，如果没有达成协议，两人要花费9+5=14美元，而不是15美元。他们拼车节省的钱只有4美元，而不是5美元。

由于蛋糕是4美元，艾丽斯和鲍勃各自应该从拼车中节省2美元。这意味着艾丽斯的花费比独自打车节省2美元，即9-2=7美元，而鲍勃支付：5-2=3美元。

艾丽斯觉得这个算法还不能完全令她信服。她指出鲍勃不在她去机场的路上。鲍勃如果住在 B′ 地，她就不用绕道了，而绕道需要额外支付 1 美元车费。她希望鲍勃再支付绕道费用 1 美元。

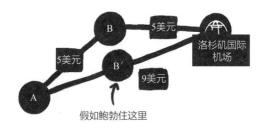

如果你是鲍勃，你会如何回应？有两种回答方式，其中一种

是高水平的回答。他可以说，如果他们不拼车，就省不下 4 美元。因此如果艾丽斯想省 4 美元，就必须接受绕道。

但还有另外一种回答。当你的大脑中有一个我所说的"蛋糕世界"时，对方提出的任何论点都可以被扭转。如果艾丽斯说鲍勃不在直线路线上，鲍勃同样可以说艾丽斯也不在直线路线上。如果艾丽斯住在左边的 A′ 地，鲍勃就在直线路线上了，就不用绕道。

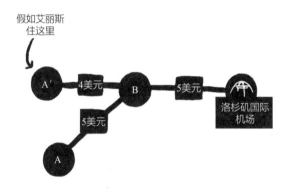

争论鲍勃或艾丽斯谁没在直线路线上是没有意义的。如果他们都想拼车，他们就都不在所谓的直线路线上。事实上，在第一个答案中，艾丽斯支付第一段路程的 5 美元，然后平摊第二段路程的车费，此时她就已经支付了绕道的全部费用。如果他们分摊绕道的费用，那么艾丽斯就应该在 7.5 美元的基础上少付 50 美分，也就是支付 7 美元。这与两人采用分蛋糕法的结果相同。

我想再讲最后一个拼车的例子。我选择这个例子是因为它看起来超级复杂，但如果你用分蛋糕法，问题就可以迎刃而解。

在这个例子中，艾丽斯在 A 点上车，鲍勃在 B 点上车，艾丽斯先下车，鲍勃后下车，每段路程的车费为 6 美元。和前面的例子一样，接鲍勃确实会导致某种程度的绕道。如果艾丽斯直接去她的目的地，车费是 11 美元。如果鲍勃直接去目的地，车费是 9 美元。

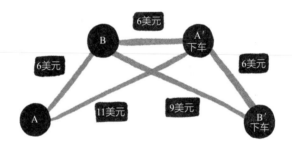

两人拼车则总费用为 6+6+6=18 美元。如果他们不拼车，车费是 20 美元。因此，省下的车费，也就是蛋糕为 2 美元，与单独打车相比，各方都节省了 1 美元。这意味着艾丽斯应付：11-1=10 美元，鲍勃应付 9-1=8 美元。我希望你并不觉得这个例子很难。

我并不是说为了省一两美元非得这样拼车。但优步需要给出如何在两个（或更多）拼车乘客之间分摊车费的方案。目标之一应该是公平对待客户，之二则是给予所有潜在乘客相同的拼车激励。否则，那些获得太少激励的人就不会经常拼车，拼车需求就会减少。分蛋糕法很公平，可以为双方提供相同的激励。优步越能激励人们拼车，它相对于来福车的优势就越大。

Ionity

电动汽车销量快速增长需要一个更强大的快速充电站网络。美国正在使用大众汽车的柴油排放结算方案补贴（尽管还远远不够）建造这些充电站的数十亿美元成本。而在欧洲，汽车制造商只能靠自己。

因此，宝马、戴姆勒、福特、现代、起亚和大众正在合作成立一家名为 Ionity 的合资公司，在欧洲修建超快充电站。合作带来的好处巨大。即使一些汽车制造商愿意单独修建充电站，结果也是大量的重复劳动和一个效率低得多的网络，因为充电站位置得不到协调。

这就带来了谈判问题。联盟成员应该如何分摊造价？平均分摊成本是行不通的，各公司的市场份额明显不同，这种分法会导致份额小的公司退出合作。

针对这个问题，大多数人都会提议按照市场份额的比例来分摊成本。但这也不能解决问题。衡量市场份额有多种方式，汽车制造商有不同的价位和不同的利润率。目前还不清楚应该按照单位销量、美元销售额还是利润的比例分摊成本。成本也可以按行驶里程的比例分摊。每家公司都有自己偏爱的分摊方式。即使所有公司都同意按单位销量的比例来分摊成本，那么应该按照当前内燃机汽车的销量还是电动汽车的未来销量也仍然悬而未决。

正如我在开头所写，分蛋糕法并不是要描述各方如何谈判。像充电站这种案例，等额分摊成本行不通，按某种比例分摊是常态，但这并不意味着它就是合理或有原则的。我认为按比例分摊没有抓住谈判的重点，达成协议的目的是防止重复劳动并分享省下的成本。

先想一想在 Ionity 只有两个投资方的情况下，谈判如何进行。与其编两个名字，还不如就称它们为宝马和戴姆勒吧。第一步要弄清楚每一方的最佳替代方案。考虑到充电站对每一方的重要性以及它们巨大的市场占有量，我假定宝马和戴姆勒会在没有达成协议的情况下自行修建充电站。考虑本例子的目的，我还假定没有其他合作伙伴可以分摊费用。

假设一方单独修建充电站将各花费 10 亿欧元，但合作的话，修建一个可覆盖两大汽车商的同样高效的充电站网络只需花费 15 亿欧元。减少重复劳动，提高协调性，这样可节省 5 亿欧元。

（10亿+10亿）－15亿=5亿（欧元）

这便是蛋糕。

这 5 亿欧元的蛋糕应该由两家公司平分，即使它们的单位销量、收入或利润不相等，这也是事实。我们不必关注行驶里程，也不必关注内燃机汽车或电动汽车的销量。谈判的原因是建立一个可以节省 5 亿欧元成本的合作伙伴关系。

我选择这个例子，是因为它展示了用分蛋糕的视角看世界的困难所在。世界并不会自己说：这是最佳替代方案，这是蛋糕。谈判中的挑战在于正确地分析问题。

人们的自然反应就是针对问题选择一个听起来公平的方案。按单位销量的比例分摊成本，是平等对待每一辆车。按收入的比例分摊成本，是平等对待每一美元的收入。按里程的比例分摊成本，则是平等对待每一公里。我认为出现这些错误答案的原因是汽车、美元或里程之间不会相互协商，坐到谈判桌旁的双方是宝马和戴姆勒。宝马和戴姆勒在节省成本方面具有同等的权力，平等的权力使得它们两方应被平等对待，而不是平等对待它们的产出。

宝马和戴姆勒的例子似乎太简单了。一旦采用分蛋糕视角，计算就很简单，但计算蛋糕并不总是那么容易。想一想两个潜在合作伙伴是宝马和起亚的情形。和之前的例子一样，宝马仍将耗资 10 亿欧元自行建立一个充电站网络。但起亚的市场地位太弱，是拿不出这笔巨款的。起亚的市值仅为 7 亿欧元，因此，起亚不会单独建立充电站网络。这是起亚的最佳替代方案，我们将给它赋值 0 欧元。

如果宝马和起亚合作，成本就会上升，比如 14 亿欧元，因为要建立一个更大的联合网络，宝马使用起来才会和自己独立修建的网络一样好。这个充电站网络使起亚能够进入欧洲电动汽车市场，我们假设给起亚带来了 7 亿欧元的市场。

当两家公司合作时，它们能以多花 4 亿欧元的成本创造额外 7 亿欧元的价值。蛋糕是 3 亿欧元。分蛋糕意味着起亚要支付 5.5 亿欧元，实质上是更大充电站网络的额外 4 亿欧元成本加上为宝马初始网络支付的 1.5 亿欧元。通过这种方式，宝马通过起亚的付款节省了 1.5 亿欧元。起亚也获得了 1.5 亿欧元，因为它最终以 5.5 亿欧元的成本获得了价值 7 亿欧元的市场。

	宝马	起亚	总计
合作①	宝马的充电站网络价值 -（14 亿欧元 - 起亚的付款）	7 亿欧元 - 起亚的付款	宝马的充电站网络价值 -7 亿欧元
不合作	宝马的充电站网络价值 -10 亿欧元	0 欧元	宝马的充电站网络价值 -10 亿欧元
蛋糕			3 亿欧元

① 两家公司合作，总成本为 14 亿欧元，除了起亚的付款，宝马补齐差额。

可以看出，实现这个解决方案更为复杂，因为它取决于起亚对充电站网络的估值。起亚可能无法准确估算，宝马更不可能知道起亚对充电站网络的估值。（成本节约似乎比估值更容易验证。）企业也许会根据经验粗略估计，充电站网络的价值与售出的汽车数量成正比。即便如此，也不能证明按比例分摊成本是合理的。宝马在欧洲的市场份额几乎是起亚的两倍，但起亚支付的金额超过了宝马所付金额的一半——在这个案例中，宝马支付了 8.5 亿欧元，而起亚支付了 5.5 亿欧元。按比例分摊不合理是因为实际上它忽略了宝马更有利的最佳替代方案。宝马可以不与起亚合作，也没有理由分享独自修建充电站带来的收益。正如我们之前讲过的分配存单利息的例子，按比例分配的方法在决定一方应该付出或获得什么时忽略了最佳替代方案。

实际上，Ionity 的谈判不只涉及两家汽车制造商，所涉及的6 家汽车制造商都同意按单位销量的比例分摊成本。它们选择了当前销量而非未来销量，以便在达成协议时计算出分摊比例。也许这种做法并不奇怪，因为按比例分摊很容易理解。但这并不合理，也无法解释为什么单位销量比收入或其他指标更合理。按比例分摊没有达到协议的目的，即防止重复劳动，让更多的参与方加入，分摊成本。它错失了蛋糕。

全球范围内的成本分担

汽车公司必须弄清楚如何分摊建设充电站的成本，同样，各个国家也必须弄清楚如何分摊发展援助和人道主义援助的成本。这里的数字要大得多，每年大约有 2600 亿美元的发展援助和 300 亿美元的人道主义援助在全球范围内进行划拨。[12] 尽管一些捐助国很乐意捐赠援助资金，另一些国家则以此寻求别国支持，但对于每个国家应该提供多少援助仍然存在争论。

从 20 世纪 50 年代后期开始，世界基督教会联合会提议工业化国家将其 GDP 的 1% 作为对外援助资金，用以支持发展中国家。联合国在 1970 年提出捐赠 GDP 的 0.7%，并在 1992 年里约地球峰会上重申。与 Ionity 一样，援助金额按比例分摊，这里的比例是按 GDP 的比例。

虽然这个公式很简单，但似乎并不合理。假如两个国家的 GDP 相同，但一个国家的人口是另一个国家的两倍，那么前者富裕程度只有后者的一半。它们真的应该分担一样的援助金额吗？例如，瑞士和土耳其的 GDP 水平相似，但土耳其的人口是瑞士的 10 倍，因此人均 GDP 只有瑞士的 1/10。[13]

当捐助国处于如此不同的经济地位时，对外援助资金占 GDP 的相同比例是不公平的。同时，我明白许多人可能会选择接受这个不公平的原则，因为它易于理解和应用。我所在的康涅

多赢谈判

狄格州，在首先为医护人员接种新冠疫苗后，放弃了按风险等级划分的不同优先级原则，转而采用基于年龄的简单原则。这使得那些有后台者更难操纵整个体系，因而对不公平的规则实施了更公平的应用。如果我不得不接受某种类型的按比例分担的对外援助资金，我建议分担方式应更类似所得税的征收方式——按照可支配 GDP 的百分比，即超出人均 10000 美元部分的 GDP 进行分担。

对蛋糕视而不见也会令寻找减少碳排放解决方案的努力受挫。1992 年《联合国气候变化框架公约》让所谓附件一中的国家——几乎是 44 个最富裕的国家——将 2000 年的排放量目标设定为回归 1990 年的水平，而对其他 110 个签署该协议的国家则未设置目标。这也是不公平的。一些北欧国家在 1990 年之前已经做了大量的减排工作，因此要它们在 2000 年实现 1990 年的排放水平要困难得多。一些国家人口在增长，而另一些国家则在下降。按照 1990 年的数字来分配排放量是不合理的。

排放目标应该是总量水平、人均水平还是碳强度水平？在 2015 年通过的《巴黎协定》中，中国承诺到 2030 年碳强度要比 2005 年降低 60%~65%。但鉴于其经济快速增长，碳排放总量将继续上升。

人们根据每个国家将支付或承诺实现的目标来谈判时，就会出现混乱。相反，我们应该根据创造的利益——蛋糕——来构建谈判框架，然后思考如何平均分配蛋糕。如何分这个蛋糕是充满争议的。一个原因是这个蛋糕很大，关乎地球未来的健康。从经济角度来看，蛋糕是通过避免全球变暖所导致的最坏结果（洪水、干旱、饥荒、大规模移民等）而节省下来的金额扣除减少碳排放的成本后的净值。富裕国家仅靠自己的力量并不能创造这个蛋糕。（无论温室气体从哪里来，都会进入同一个大气层。）然而，富裕国家并不愿意平等共享蛋糕，因为这样做就需要将大量财富转移到发展中国家。富裕国家需要提供巨大的财政激励措施来保护热带雨林，并帮助发展中国家更快地从煤炭向可持续能源过渡。

第二个难题是，受影响最大的人——当今的年轻人以及尚未出生的后代——甚至都没有坐到谈判桌前，他们被剥夺了获得相等蛋糕份额的机会。这场关于如何共享地球未来的谈判并不公平，却会关系到未来到底是否还会有蛋糕。

我认为这是一个极其重要的话题，是无法用几段文字就阐述清楚的。我在这里提出它的原因是：在商业场景之外，分蛋糕法也会对我们的思考产生潜在影响。无论是处理经济发展问题还是气候变化问题，默认按比例分摊援助或制定排放目标会妨碍我们找到解决世界上最大挑战的方案。我希望人们能按照分蛋糕法来分析问题，寻找解决方案。

我们现在且将目光转回到商业和日常生活中更常见的谈判。虽然我想改变人们针对全球性问题的谈判方式，但我首先得说服他们从分蛋糕的角度来思考简单的问题。为此，我需要回答一些问题。欲知详情，请见下文。

第三部分

实践中的 5 种
复杂情况

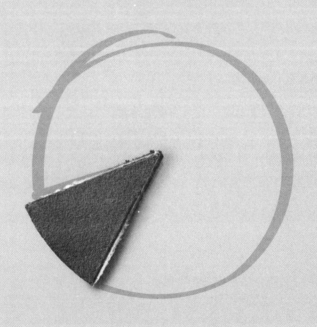

现在，我希望你们已经理解分蛋糕法并看到了它的优点。下面我们要解决本书开头提到的那一串"是的，但是……"。

我之前说过，分蛋糕的结果应该是对等分割，但如果双方不对等，会怎么样？出现不对等的方式有多种。我们已经讨论过一方规模大于另一方的这种可能性。但无论双方规模差异如何，在两方谈判中他们的贡献总是相同的。

好吧，但也许一方比另一方更在乎结果。双方对蛋糕的大小持不同看法时，就会出现另一种潜在的不对等。谈判协议可以使一方处于更有利的地位。三方及以上的谈判也会造成不对等。这些都是第三部分的主题。

当一方显然比另一方更在乎结果时，有人就会强烈反对分蛋糕法。举一个极端的例子，鲍勃在沙漠中快要渴死了。他真的能坚持要到一半蛋糕吗？答案是肯定的，我们很快将在第 11 章中看到，但这并不意味着他能拿到一半的水。

在第 12 章，我们会思考当蛋糕不确定时分蛋糕意味着什么。在这种情况下，双方可能同样不确定蛋糕，或者一方可能比另一方更了解蛋糕。更了解的一方可能利用这一优势获得一半以上的蛋糕。同意根据情况分蛋糕是一个可以实现公平的解决方案——基于蛋糕最终的结果进行分配，而不是它现在未知的大小。

我们研究谈判时尚未考虑规则和架构。如果谈判有一些规则，那么这些规则就可以传达权力。例如，如果一方可以发出最后通牒，他就可以得到一半以上的蛋糕。我们会在第13章中了解相关内容。当然，谈判规则本身属于一场更大规模谈判的一部分，因此它们提供的权力可能不会像我们最初想象的那样大。当一个谈判结果影响到后续谈判的结果时，各方就会关心他们的名誉。第13章还思考了名声的作用，并解释了为何这些关切能够推动平均分配。

第14章介绍了有3个或更多的积极参与者参与谈判的情况。一旦谈判方超过两方，每一方就不再对创造蛋糕负有同等责任了。即便如此，蛋糕框架仍然适用，其结果是对我们的基本方法的扩展。

与超过两方进行谈判有可能使各方对交易的贡献不平等。在最极端的例子中，有人可能什么贡献都没做。在第15章中，我们会了解这样的人是如何仍然获得报酬的。

上述5章的内容更具挑战性。你也可以直接跳到第四部分了解如何把蛋糕做大。在第三部分，我的重点是回答批评者的问题并处理实践中出现的复杂情况。我不想让读者认为分蛋糕法只适用于两个谈判者，或者只适用于各方在乎的程度相同或对蛋糕都有所了解的情况。因为这些情况都很复杂，所以内容更具挑战性。分蛋糕法在这些情况下仍然适用。如果你已经接受了分蛋糕法，请随时跳到第四部分（我不会在意的）。把蛋糕做大的内容更加有趣。

第11章
如果你更在乎

谈判经常像是大卫和歌利亚之间的较量。与《圣经》中的结果不同，大卫们的处境不尽如人意。为什么较小的一方会觉得自己处于劣势呢？

其中一个原因是他们更在乎结果。[①] 对大卫来说，这场战斗的结果可能会改变他的人生。而对歌利亚来说，这可能只是突发事件，不值得大惊小怪。虽然较小的一方通常是更在乎的一方，但情况并非总是如此。这给我们带来一个普遍问题：更在乎结果是否会导致得到的更少。

我的观点是，在乎程度的不对称不应使一方处于不利地位。没错，更在乎的一方更渴望达成协议，但不那么在乎的一方更容

---

① 另一个原因是较小的一方可能面临较少的选择。他们的最佳替代方案更糟。正如我们在第 4 章中讨论的，这并不意味着他们在谈判中应该获得更少，而只是意味着蛋糕更大了。

易做出让步。在这种情况下，每一方仍然应该获得相同份额的蛋糕，但现在是按照他们各自计算出的蛋糕的份额。

为了说明这一点，我们直接举一个极端的例子，读者经常用这个例子来考验我。鲍勃在沙漠中快要渴死了，而艾丽斯则水源充足。现在有 3 瓶 1 升的水，他们会如何分配？

普遍的看法是鲍勃已经很绝望了，所以他乐意接受任何分配方案。这种看法导致艾丽斯获得了大部分的水。另一种不同的观点是，鲍勃比艾丽斯更在乎水，他在乎每一滴水，所以他最终会得到大部分的水。

让我们用一些数字和蛋糕视角来说明这个情况。我们可以说，鲍勃对第一瓶水的估价是每升 100 万美元，之后是每升 5 美元。第一升对他来说非常宝贵。对艾丽斯来说，3 瓶水的价值都保持在每升 1 美元。最重要的不是艾丽斯和鲍勃如何分水，而是如何分蛋糕。

这是我们第一次在双方有不同偏好的情况下思考谈判。为了把蛋糕做到最大，各方应该根据谁最看重这些物品来进行分配。因此，鲍勃应该得到所有水，由此产生的蛋糕价值将是 1000010 美元。为了分蛋糕，鲍勃付给艾丽斯 500005 美元。鲍勃得到他最看重的东西（水），艾丽斯也得到她最看重的东西（钱）。双方都赚得 500005 美元。到目前为止，最在乎的那个人似乎得到了他最在乎的东西的绝大部分（甚至全部），大卫们表现不错。

从某种意义上说，这个解决方案并没有考虑到大卫们在现实生活中所处的困境。那些与大卫处境相似的人拥有的资源可能更少，他们拿不出500005美元付给歌利亚。如果鲍勃名义上只有50美分，鲍勃和艾丽斯会怎样分配呢？鲍勃可能会说，他对第一瓶水的估价是100万美元，但他没有实际的方法来证明他的估价或以此补偿艾丽斯。鲍勃真正的意思是，如果他有100万美元，那么他对第一瓶水的估价就是100万美元。既然他没有，他们就不得不在没法用钱来平分蛋糕的情况下进行谈判。

在这种情况下，如果使用鲍勃的假设对蛋糕大小进行估值，其价值取决于它是如何分配的。如果所有水都给鲍勃，则蛋糕是1000010美元，而如果所有水都给艾丽斯，则蛋糕只值3美元。鲍勃比艾丽斯更在乎水，所以把所有水都给鲍勃会创造出更多价值。

现在，把蛋糕最大化和如何分割之间出现了矛盾。到底是不均匀地分割一个非常大的蛋糕，还是均匀地分割一个非常小的蛋糕？我们必须做出选择。

根本问题是当双方无法通过金钱转让进行分配时，我们如何计算蛋糕。当双方可以相互支付且使用相同货币时，用钱来计算总价值行得通。而当没有相同货币时，就很难或者不可能将一方的估值与另一方的估值进行比较。这时鲍勃对第一瓶水100万美元的估值与艾丽斯1美元的估值不再具有可比性。鲍勃可以说他对第一瓶水的估值是艾丽斯的 100 万倍，但如果他不能或不必向艾丽斯进行支付来支撑他的观点，就很难真正知道他的观点到底意味着什么。

为了解决量度无法比较和主张可能被夸大的问题，我们可以比较相对于其理想估值每一方实际得到的东西。事实上，这就像把双方置于一个共同的量度之上，0 代表一无所获，而 100 代表得到一切。

权力平等的主张仍能站得住脚，但前提是我们必须扩展权力平等的含义，才能涵盖估值不可比的情况。权力平等更广泛的含义是，每一方都获得各自理想蛋糕的相同份额。对艾丽斯来说，这个份额是她潜在获得的 3 美元估值对应的部分，而对鲍勃来说，这个份额是他潜在获得的 1000010 美元估值对应的部分。

因为双方对瓶装水的估值不同，所以我们可以想出一种分割方法，让双方按照各自的估值都得到一半以上的蛋糕。在上述例子中，每一方都有可能得到其理想值的大约 75%。鲍勃从第一瓶水中得到 750 毫升，而艾丽斯得到剩下的 250 毫升和另外两瓶水。艾丽斯获得了其理想值的 75%，因为她拥有潜在 3000 毫升水中的 2250 毫升。鲍勃则获得了其理想值的（大约）75%，因为第一瓶水的 75% 在 1000010 美元估值中值 750000 美元。

如果鲍勃得到更多的水，他得到的会超过其理想值的 75%，而艾丽斯将得到低于 75% 的水。相反，如果艾丽斯得到更多的水，她得到的也会超过其理想值的 75%，而鲍勃得到的将低于其理想值的 75%。我们选择的分割方式使每一方都获得相较于各自理想值的相同份额。①

我们不是按照 50∶50 分蛋糕，而是按照 75∶75 分蛋糕！我们对权力平等和公平的看法仍然成立。权力和公平都意味着每一方均应该按照自己的估值获得相同的蛋糕份额。如果双方都希望以互相连贯的方式获得更多，则可以实现的最佳结果是双方都获得其理想值的 50%。但在其他情况下——例如，鲍勃对第一瓶水的估值高于后面两瓶——双方最终可能会得到各自理想蛋糕的一半以上。

虽然鲍勃更加迫切，但他最终得到的占其理想值的比例仍然与艾丽斯相同。他最终得到的水不到一半，但由于水的价值是不连贯的，因此他得到水的占比无法切实反映其谈判成果。对鲍勃来说，真正重要的是他从第一瓶水中得到了多少。因此，在考虑鲍勃的谈判表现时，我们应该关注的是他得到第一瓶水的多少，换句话说，他距离自己的理想值有多近，因为衡量理想值的标准是价值，而不是水的多少。

---

① 如果我是艾丽斯，我会给鲍勃一整瓶水，因为我在乎别人的幸福。剩下的 250 毫升水对我来说只值 25 美分，所以比起自己喝掉它，我更乐意看到鲍勃享用它。然而，这个例子的重点是解释如何在一方看起来比另一方更迫切的情况下分蛋糕。当人们在谈判中关心他人的幸福时，这种关心也应该考虑进蛋糕的计算中。

其他场景

如果艾丽斯的估值是每瓶 2 美元呢？答案是不变的。当艾丽斯得到 2.25 瓶水时，她仍然实现其理想值的 75%，鲍勃亦如此。

如果艾丽斯对 3 瓶水的估值都是每瓶 100 万美元呢？答案还是不变的。当艾丽斯得到 2.25 瓶水时，她仍然实现其理想值的 75%，鲍勃亦如此。让鲍勃放弃最后两瓶水很容易，因为他真正在乎的只是第一瓶水。在谈判中，鲍勃因为放弃了自己不珍视而艾丽斯珍视的东西而获得收益。

鲍勃显然更看重第一瓶水，但他没有得到全部，似乎尚显不足。但问题是他拿不出其他东西换取更多的水了。

在瓶装水的谈判中，鲍勃受制于钱。在其他许多谈判中，用钱进行平均分配也是行不通的。想想家庭内部的谈判。如果一对夫妇共享一个银行账户，那么一方给另一方付款就没有实际意义。将所有东西都转化为金钱之所以行不通，更大的原因是，钱本身就像救命的水一样：一方比另一方更看重它。

当一家初创公司与一家老牌大公司谈判时，对初创公司来说，即使所涉的钱不是救命钱，也能改变它的命运，但对大公司来说，这笔钱无关紧要。这时钱就像鲍勃的第一瓶水：它对初创公司来说更重要。

规模较大的一方用这种不对称来作为它需要拿到一半以上金钱的论据，它的借口是，若非如此，它就没法从交易中获得相同的"价值"。支撑这种想法的基础是大众普遍认为较大的一方在谈判中拥有更大的权力。如果较大的一方说："你比我更需要这笔交易。"较小的一方就只好顺从了。

虽然这种做法很常见，但论点却无法令人信服。如果较大的一方这么不在乎，那为何要如此争取？如果多出的每一美元都不重要，较大的一方理应更加慷慨。

我们用一些数字来说明这一点。和之前的例子一样，诚实茶和可口可乐正在就节省下的超过 2000 万美元的成本进行谈判。我们假设诚实茶对每一美元的在意程度是可口可乐的 19 倍。在这种情况下，可口可乐需要 2000 万美元中的 1900 万美元才能获得与诚实茶得到 100 万美元时相同的有效收益。

不在乎的一方反而得到更多的钱，这似乎很奇怪，甚至是自相矛盾的。然而，鲁迪·尼德格和吉列尔莫·欧文的实验表明，人们认为双方都应该获得相同的有效收益——因此，不在乎的一方获得更多的钱。[14] 在他们的实验中，被试协商分配 60 个代币，每个代币对一方价值 1 美分，对另一方价值 2 美分，实验后并不会结清。所有 8 对被试最终以 2∶1 的比例分配代币。估值 1 美分的一方获得 40 个代币，而估值 2 美分的一方获得 20 个。谈判者的意图很明确：他们确定了双方都拿到 40 美分的结果，以美分为单位衡量平等的收益。

如果要弄清楚这样是否真的行得通，就要考虑不对称状况更悬殊时的结果。如果这 60 个代币每个对一方价值 59 美分，而对另一方价值 1 美分，尼德格和欧文的结果意味着估值 59 美分的一方会获得 1 个代币，而估值 1 美分的一方将获得 59 个代币。如果我是估值 59 美分的人，我会非常不满意这个结果。为了给对方区区几美分，我却要做出巨大牺牲（59 个代币对我来说价值近 35 美元）。我是在放弃大好机会，却不得不屈尊附就去迎合对方那种对钱无感的态度。

虽然人们的第一直觉是关注各方得到的东西，但我认为关注各方放弃的东西也同样合理。双方距离各自的理想值还有多远？让我们回到诚实茶和可口可乐之间的谈判。在收益相等的分配中——诚实茶获得 100 万美元，可口可乐获得 1900 万美元——诚实茶与其理想值相差 1900 万美元，感觉却像是牺牲了 3.61 亿美元，而可口可乐与其理想值仅相差 100 万美元。双方做出的让步是非常不平衡的。

如果可口可乐辩称，因为它不在乎，所以应该得到更多，那么诚实茶可以扭转这个论点："如果你这么不在乎，那就给我们这 2000 万美元中的 1900 万美元，因为钱对我们来说更重要，对你们来说无所谓。当我们得到 1900 万美元时，我们与我们的理想值还差 100 万美元，而你们离你们的理想值还有 1900 万美元。鉴于我们对钱的在意程度是你们的 19 倍，所以双方的牺牲程度也相当了。"

较大的一方提出获得更多份额的任何论据都可以转化为其应获得更少份额的论据。如果可口可乐说因为它不在乎，所以它要拿大头，那么这同样是减少其份额的论据，因为它不在乎做出牺牲。

在同等收益的情况下——100 万美元给诚实茶，1900 万美元给可口可乐——获取更多份额的动机是不平衡的。如果诚实茶坚持再多得 100 万美元，那它的进项就会翻倍；而做出这 100 万美元的让步只会让可口可乐少收约 5%，那么我会争取这额外的 100 万美元，而且我会不断争取。下一个 100 万美元将使我的进项增加 50%，但可口可乐只付出 5.5% 的代价。当争取到 1000 万美元时，我才会收手。到那时，再多争取 100 万美元只能多带给我 10% 的价值，而可口可乐也要付出 10% 的代价。在获得一半的蛋糕后，我会见好就收。

我们针对这些情况提出的分蛋糕解决方案采用了与瓶装水案例相同的原则。每一方都拥有相同的权力，因此每一方都获得相较其理想值的相同份额。在这个例子里，这意味着他们各自得到 1000 万美元来分割节约的成本。虽然双方对 1000 万美元的估

多赢谈判

值不同，但他们都同意每一方均获得一半的潜在蛋糕。① 双方都处在最坏（未获得节省费用）和最好（获得所有节省费用）的结果的中间。如果双方各得 1000 万美元，诚实茶认为自己得到了 2000 万美元大蛋糕的一半，而可口可乐则认为自己得到了 2000 万美元小蛋糕的一半。尽管他们对 2000 万美元的估值不同，但他们都同意创造蛋糕需要双方平等参与。他们可以达成一致的是，蛋糕就是 2000 万美元，不管这个金额对彼此到底有多少价值。因此，每一方都基于自己的估值获得相同份额（在这里是一半）的蛋糕。尽管初创公司更在乎，但最后没有获得更少的份额。

一方更在乎时，就需要格外警惕。在这些情况下，人们容易为权力和公平所迷惑。他们被这样的论点欺骗：不在乎的一方得到的更多，从而最终获得同等的收益。当一方的在乎程度仅是另一方的两倍时，尤其是以金钱为单位来衡量利害关系时，收益平等不会导致荒谬的结果。但是，一旦一方的在乎程度远超另一方并且利害关系是切实的，那么收益平等的缺陷就会显现。在这些情况下，分蛋糕视角的价值就凸显出来了。

---

① 他们不能都得到超过一半蛋糕的原因是，我们假设金钱对每一方的价值都是恒定的（尽管似乎不同）。如果第一个 100 万美元对诚实茶的价值高于后面的 100 万美元（就像第一瓶水对鲍勃更有价值），那么双方都可以分到一半以上的蛋糕。

第12章
如果无法确定蛋糕是否存在

在我们之前探讨的谈判中，蛋糕的大小是已知或可知的。爱德华和我的朋友都知道 ICANN 争议解决程序的成本和结果；安朱和巴拉特都知道投资额度对存单利率的增效；在机票费用报销案例中，两个部门都知道乘坐三角形航线可以节省多少成本。在合并延长更改协议的例子中，买方比卖方更了解潜在的税收优惠，但卖方稍加调研就会使双方处于公平的竞争环境中。

在其他案例中，谈判围绕的是尚未出炉的蛋糕。诚实茶和可口可乐的谈判就属于这种情况。我们不得不在知道蛋糕大小之前进行分割。这种不确定性带来了两个方面的问题：另一方可能更了解蛋糕的大小，可以利用信息占你便宜；即使双方同样不确定，如果你们现在就价格达成一致，一方最终可能会得到一半以上的蛋糕。

在这些情况下，你可以同意事后分割蛋糕。无论蛋糕最终是什么，各方现在都同意在蛋糕出炉时进行分割。例如，在可口可乐为诚实茶采购包装瓶的案例中，按照每个瓶子节约 8 美分，3 年共计 2.5 亿个瓶子计算，预计可节省 2000 万美元。当然，2.5 亿个瓶子是预估值，实际可能与此相差甚远。即使可口可乐愿意平分蛋糕，它也不想在付了 1000 万美元后，却发现未来的销售只有 1.5 亿瓶。在这种情况下，可口可乐可能为 1200 万美元的蛋糕支付了 1000 万美元。

对此的解决方案是一个瓶子一个瓶子地分割蛋糕。回想一下，可口可乐的成本是每个瓶子 11 美分，而诚实茶是 19 美分，每个瓶子节省 8 美分。诚实茶并没有分割那不确定的 2000 万美元蛋糕，而是以每个瓶子 15 美分的价格从可口可乐那里购买瓶子。这样一来，可口可乐每瓶赚 4 美分，而诚实茶每瓶节省 4 美分。双方在每个瓶子的基础上平分蛋糕，因此无论售出多少瓶都是均分。

此外，诚实茶和可口可乐还就 3 年后的收购价达成协议，即事后平均分割。如第 5 章所述，销售额最高达到 X 时，收购价是某个市场倍数，当销售额超过 X 时，则超过部分的收购价是市场倍数的一半。可口可乐和诚实茶共同创造了销售额超过 X 的潜力。无论销售额的增量是多少，可口可乐都为其支付市场倍数的一半，因此销售额增量创造的价值被平分。

当蛋糕与预期不同时，同意事后分割蛋糕可以避免出现分割不均的风险。当一方拥有信息优势时，事后分割策略更为重要。信息更灵通的一方可能会提供看似公平分割的方案，但只有他们自己知道情况是否真的如此。你要做的是先进行观望，直到弄清楚蛋糕是什么才同意接受多少份额。为了保护自己，你现在可以做的是就如何根据实际情况分割蛋糕与对方达成一致。

一幅美丽的画

阿娜伊斯正在出售她从祖父那里继承的一幅大型油画。她不知道这幅画值多少钱，因为它没有签名，状况也欠佳。但她的祖父一定觉得这幅画很特别，因为他把油画挂在了客厅的墙上，进入客厅第一眼看到的就是它。

当地画商出价 1000 美元。她考虑抬价到 2500 美元，但这有搞砸交易的风险。也许更糟糕的是，如果画商同意，就表明这幅画可能真的价值很高。阿娜伊斯担心画商知道此画真正的价值并可能占她便宜。

公平起见，阿娜伊斯可以请人对这幅画进行估价。但这样做不仅需要时间，还要花费至少 1200 美元，而且评估费最终可能比画的价值还高。

更好的解决方案是基于未定条件进行还价。阿娜伊斯对画商说："我知道您会花钱进行修复。如果这是著名艺术家的作品，您甚至可能打算花钱进行鉴定。我的提议是，我把这幅画按照您提出的 1000 美元的价格卖给您，如果最后的售价超过 10000 美元，那么超出 10000 美元的那部分收益，您要让我分享 50%。"

即使阿娜伊斯不知道画的价值，她现在也有保障了。这个报价对画商也是公平的。如果这幅画的价值在 1000 到 10000 美元之间，画商只需支付 1000 美元的最初报价。如果最终价值是 15000 美元，画商得再支付 2500 美元。但这是好事，因为画商也赚了更多的钱。[①] 如果这幅画最终价值是 25000 美元或 100000 美元，阿娜伊斯会很高兴分享超出的那部分收益。如果画商完全拒绝接受这些条款，这可能暗示此画值得花钱进行鉴定。

油画的案例可能看起来并不常见，但下面的情况很常见：我们向他人出售物品，但不知道物品以后的用途以及买方对它的估值。例如，买你房子的人可能重新对房子进行规划，把它分成 4 个公寓房间，从而大大提高它的价值。买家出价后，你应该问：您打算如何处理这房子？打算走公寓路线的买家可能会回答：那是我自己的事，和您有关系吗？

---

① 要使该方案奏效，阿娜伊斯必须能够核实这幅画已售出并核实其售价。通过拍卖的话，记录是公开的。私下交易比较难核实。如果阿娜伊斯现在不信任画商，那么不清楚她未来是否信任画商能如实报告。当很容易追踪未定条件时，基于未定条件的交易是最奏效的。

答案很简单，你想分蛋糕。如果双方要分蛋糕，而只有一方真正知道蛋糕是什么，那么另一方要么必须透露自己的计划，要么同意基于未定条件进行分割。如果是住宅用途，你可以说你准备以 X 美元的价格出售；如果是商业用途，你可以说你准备以 Y 美元的价格出售。因为你想分一半蛋糕，所以该房产的用途是你关心的问题。不管结果如何，基于未定条件的协议可以使你在事后分割蛋糕。

这正是迪帕克·马尔霍特拉和马克斯·巴泽曼在他们的著作《哈佛经典谈判术》中提出的汉密尔顿房产案的解决方案。你的公司有一块未开发的土地，你的工作是销售谈判。现在有人报价 3800 万美元，但你认为你可以卖得更高，特别是在你正与第二个潜在买家谈判的情况下。经研究，你估计第二位买家的估值在 4000 万到 6000 万美元之间，具体数字取决于后续的用途。商业开发项目创造的价值比住宅开发项目多 50%。

估值范围过大使你处于很大的信息劣势。他们知道土地的实际价值，而你不知道。如果你的要价处于上限，而买方出价处于下限，那么要价看起来不合理。如果你的要价更接近下限，而买家出价处于上限，那么你会少赚数百万美元。这就是你不想先报价的原因。

传统上认为卖方此时要提供挂牌价，所以你可能别无选择。你会怎么做？一个解决方案是，使用更为严格的有条件的估值。

使要价取决于最终用途，以此来创造公平的信息环境。如果是住宅用途，你的要价是4000万美元；如果是商业用途，你的要价是6000万美元。如果买方拒绝这个方法，这是个好迹象，表明他们打的是商业用途的算盘。

作为了解对方的估值的手段，我会将有条件的要价与所谓的虚张声势进行对比。一位朋友正在出售他的精品软件公司。公司缺乏收入，硬件升级和维持工程师团队的成本让他苦不堪言。事实上，该公司已处于破产的边缘。

在放弃之前，他还有机会向一家知名公司进行最后一次推介。令他惊讶的是，这位首席执行官为他和他的合伙人给出了100万美元的高价码，他惊讶得差点尿裤子。但是，他没有立刻说："我在哪里签名？"而是答道："你知道这个价格太低了。"果然，价格被提高到125万美元。

你可能会得出结论，他的谈判有助于揭示卖方的真实估值。好吧，这个巧妙的举动揭示了价值其实超过125万美元。但我们可知，它也可能是150万美元、1500万美元或1.5亿美元。

让我们回到阿娜伊斯和她的画上。如果她拒绝了1000美元并要求2500美元，她就会知道，如果画商同意，那么他对这幅画的估价就超过了2500美元。她仍然不知道这幅画值多少钱。此外，坚持2500美元可能会让交易谈崩，使她失去1000美元。当画作价值很高时，与画商签订合同分享超过10000美元那部分收益的 50% 会保护她的利益，并且当画作仅值几千美元时，也不会破坏交易。你不必虚张声势就能更多地了解对方的估值。

我在把我的第二家公司康普茶公司（Kombrewcha）出售给百威英博时，就使用了这种相机合同。背景故事很长，我会简单介绍一下。在诚实茶，我们推出了自己的一款康普茶。对外行来说，康普茶是一种富含益生菌的发酵茶。它的味道有点浓烈，慢慢品才能品出它的美味。也许因为它意外地含有酒精，所以我为之着迷。

在康普茶每个瓶子的底部都有活的"红茶菌"，它是细菌和酵母的共生培养物，酵母把糖变成了酒精。尽管诚实茶生产的康普茶在装瓶时的酒精含量是符合相关法规规定的，但在货架上放置几周后，酒精含量会上升到 0.7%，略高于非酒精饮料的法定上限 0.5%。

结果就是，我们不得不进行全国性召回，还收到了集体诉讼。这是一场价值百万美元的灾难。最终，因为我们无法将酒精含量保持在 0.5% 以下，康普茶停产了。

有句老话说得好，当生活给你柠檬时，那就把它做成柠檬汁吧。虽然我不知道如何制作不含酒精的康普茶，但我知道如何制作略含酒精的康普茶。这次可口可乐并没有什么兴趣，只是对我们送上了几句祝福，因为它不涉足酒类领域。我和我的新合伙人阿里尔·格莱泽获得了酒类许可证并成立了康普茶公司。我们的格言是"微醺不酩酊，更开心"。

当百威英博（百威啤酒的制造商）的孵化器部门百威 ZX 创投基金接洽我们的时候，我们还处于初创阶段，销售额不足 100 万美元。如果你对百威的业务有所了解，你会发现他们的业务不仅仅是啤酒。他们也出售发酵食品，且对健康饮食理念颇为热衷。

合作带来的协同作用是显而易见的。他们承诺升级酿酒厂来帮助我们扩大生产。我希望和他们一起做大蛋糕。唯一的问题是如何在这样的早期阶段衡量标的物价值。

我们的解决方案是采用长期盈利支付机制，它只占十几年内收入的一小部分。当收入达到预定目标时，支付的份额就会提高。我们都知道建立市场需要时间。如果含酒精的康普茶业务达到 1 亿美元的规模，我们会很开心。我的投资者当然也会开心。现在我们还处于初创阶段，所以，请对我们未来的发展拭目以待。如果你能亲自尝一尝我们的康普茶，那就最好不过了。

对等合并

许多交易的最终结果是基于未定条件来分割蛋糕，即使其不以这种方式加以宣扬。例如，在标准的合并协议方面，双方倾向于按合并前的规模比例分配协同收益。这就是公司进行所谓的"对等合并"的结果。虽然它被称为对等合并，但蛋糕的分割并未认可双方的平等贡献。蛋糕的分割方式与股权份额相同，而不是按照50∶50分割。

我们来看一个真实的合并案例。我们把两家公司分别称为阿德莱德和布里斯班，两家公司可以通过合并重叠业务来节省大量成本。在当前情况下，阿德莱德的市值为2400亿美元，布里斯班的市值为1600亿美元。如果采用换股并购，它们的总市值将为4300亿美元，多出的300亿美元代表节省的联合成本。

在对等合并的情况下，双方按照比例保留其在合并企业中的份额。由于合并前双方的规模比例为60∶40，阿德莱德最终将获得合并企业60%的份额，因此将获得300亿美元中的60%，即180亿美元；布里斯班将获得余下的40%，即120亿美元。阿德莱德的规模比布里斯班大50%，所以获得的收益也多50%。

大多数专业人士认为这是一个完全合理的结果。正如你现在认识到的，我对此不敢苟同。两家公司对节省的300亿美元起到同等作用。确实，如果阿德莱德退出，就做不成交易，300亿美元就全部损失了。同样，如果布里斯班退出，也做不成交易，300亿美元也全部损失了。阿德莱德对成本节约的贡献比布里斯班多50%是说不通的。由于贡献是相等的，所以蛋糕的分割也应该相等：阿德莱德和布里斯班应该各得300亿美元蛋糕的一半，即150亿美元。

300亿美元的成本节省是预估值，不是确切值。阿德莱德可不想先掏出 150 亿美元给布里斯班，自己却承担协同效应带来的所有风险。在对等合并的情况下，协商结果便是进行基于未定条件的交易，这样就解决了不确定性带来的风险。问题是，基于未定条件分割的最终结果是 60：40。阿德莱德股东拥有新合并企业 60% 的股份，因此将获得 60% 的收益。阿德莱德最终应该获得基数的 60%，因为它在合并之前带来了 60% 的资产，这是正确的。问题是要想出方法来分割合并后的增值部分，要与分割基数的方式不同。

多层分割

在存单谈判中，安朱和巴拉特分割基数的方式与分割收益的方式不同。他们购买了一张 25000 美元的存单，并收到了 25750 美元。首先，巴拉特和安朱分别拿回了各自出资的 20000 美元和 5000 美元，4：1 的比率反映了双方不同的投资金额。然后，巴拉特获得了 400 美元的利息，而安朱获得了 50 美元，8：1 的比率反映了他们各自单独投资时获得的不同利息。最后，二人对共同存单获得的剩下 300 美元收益按照 50：50 的比例分配，反映了他们对蛋糕的同等贡献。

一个解决方案是阿德莱德向布里斯班股东预先支付 30 亿美元。这样一来，布里斯班股东就可以获得合并收益的 40%，外加 30 亿美元的预付款。布里斯班在预期的 300 亿美元收益中占 40% 应该价值 120 亿美元，加上 30 亿美元的预付款就是 150 亿美元，这等同于阿德莱德所占预期收益的 60% 减去 30 亿美元预付款的金额。双方都可获得 150 亿美元。虽然仍然存在不会完全按照预期实现收益的风险，但风险被限制在总量的 10% 以内。尽管不是零风险，但更可控。

双方需要对潜在的蛋糕有相似的看法，才能得出正确的校准支付金额。双方可能原则上同意贡献相等，但在蛋糕大小上存在分歧。正确计算蛋糕意味着知道双方可以共同达成什么，这可以秘密进行，也要求每一方都知道双方的最佳替代方案。

如果某些相关数字被隐藏或难以确认，则可能会造成某方虚张声势和歪曲事实。前面讨论的实验结果表明，即使最佳替代方案和估值是不公开的，二手车的买卖双方也能够平分蛋糕。而在其他情况下，尤其是在合并中，双方通过披露相关数字来规避这一挑战。

在阿德莱德和布里斯班的例子中，所有事实都摆在桌面上，这个例子其实是基于矿业巨头必和必拓和力拓之间的合并提案。必和必拓没有试图隐瞒 300 亿美元的协同效应，而是披露了其对蛋糕的预估，因为它希望向股东、监管机构和公众说明合并的根本原因。因为没有其他选择可以创造出协同效应，所以这个蛋糕相对容易预估。最佳替代方案的价值是提议合并之前两家公司的估值。因此，潜在的蛋糕是300亿美元的协同效应。然而，由于欧盟委员会阻止了这笔交易，最终也就没有产生蛋糕。

错误感知

我承认，基于未定条件的交易并不总是可行的。在这种情况下，一方可能会认为得到了一半蛋糕，但结果很可能远未达到平分。当一方的估值显得不合常规且无法验证时更是如此。

典型的例子发生在跳蚤市场。卖方有一个对他来说价值5美元的茶杯。这时有个买方对茶杯估值300美元，因为这个茶杯碰巧可以凑齐她的茶具套装。这里的蛋糕很大，为295美元。

因为买方的估价异常高，所以蛋糕很大。此外，她知道自己的估价很高，明白大多数潜在买家对这个茶杯的估价为10~20美元，而且卖家估计她的估价也差不多。虽然她可能不知道卖家确切的最佳替代方案，但她相信它在5~10美元之间。

买方知道蛋糕很大，而卖方不知道。她可以通过隐瞒她的估价来利用卖家对蛋糕的错误感知。她可能会询问几个不同茶杯的价格，并暗示买任何一个都可以。即使卖家开价 20 美元，她一开始也可能会拒绝，以免让卖方看出她很看重这个茶杯。

谈判围绕的是一个被错误感知的蛋糕，而且这种错误感知对买方来说非常有利。因为卖方不知道蛋糕的大小，所以她可以获得实际蛋糕的一半以上。

当一方得知双方在一个问题上的偏好是一致的，而另一方认为他们不一致时，也会出现分割不均。例如，鲍勃可能会因为在某个问题的协商上如愿以偿而对艾丽斯给予一些补偿，认为这是在分割蛋糕。但是，如果艾丽斯也想要相同的结果，那她不仅从鲍勃那里得到了她想要的结果，还得到了额外补偿。

更了解情况并不意味着你总是能得到一半以上的蛋糕。如果你知道这个蛋糕比对方想象的小，但你又无法说服他们，那么你可能不得不接受不到一半的蛋糕。如果你的最佳替代方案比对方认为的更好，而你又无法证明这一点，也可能会出现上面这种情况。如果对方索要的太多，希望获得被夸大的蛋糕的一半，那么你只能少拿一点或者放弃交易。对方认为他们要求一半的蛋糕是公平的，但只有你知道他们要求的太多了。如果可以进行基于未定条件的交易，那就能把问题解决了，否则，你可能不得不接受小于一半的蛋糕。如果对方不知道蛋糕有多大，你可以得到一半以上。同理，如果他们不知道蛋糕有多小，你可能不得不接受小于一半的蛋糕。

不确定性和偏见

我认为，通过揭示双方的平等权力并提供获得一半蛋糕的途径，蛋糕框架可以帮助那些在谈判中一直处于不利地位的人。但它并不是万能灵药。蛋糕逻辑需要克服根深蒂固的偏见。当蛋糕不确定并且另一方信息更灵通时，就更难实现平等了。创造平等的竞争环境有助于减少偏见。

就业工作谈判，尤其是入门级岗位以上的就业谈判，是一个蛋糕不确定的竞技场。它可能会产生很多错误感知，而且错误感知更有可能发生在求职者这边。公司招聘员工的经验比求职者与公司谈判的经验更丰富，因此公司通常比求职者更了解最佳替代方案和潜在的蛋糕。

就像在跳蚤市场一样，一方信息更灵通时，就可能会造成分配不均。与跳蚤市场不同，这种分配不均是整个社会关注的问题，尤其是在不同群体之间分配不均存在系统性差异时。一个例子是男女之间的薪资差距。麻省理工学院经济学教授尼娜·鲁西耶研究了差异化信息如何导致薪资上的性别差异。[15] 她的数据来自 Hired.com 网站上的 50 万份工作机会，这是一个高薪工程类岗位（平均薪资为 12 万美元！）的在线招聘平台。在这个平台上，求职者发布他们期望的薪资以及资质和经验。在对资质、经验和办公地点进行调整后，鲁西耶教授发现，女性的期望薪资比男性的低 3.3%，最终得到的薪资报价低 2.4%。

网站上填写的期望薪资数字不是传统的谈判，但你可以把它视为开放的数字。虽然雇主可能而且有时确实支付了比期望值更高的薪资，但对薪资要求较低通常会导致雇主开出的薪资报价也较低。期望薪资 3.3% 的差距可以说正是男女最终薪资报价差异的原因。

虽然我们回答了薪资报价差异这个问题，但留下了更多未解决的问题。为什么女性的期望薪资更低？是因为不同的信息、不同的偏好，还是对市场偏见的反应？如果女性提出更高的薪资要求，会发生什么？值得注意的是，鲁西耶教授有机会对这些问题给出回答。

在了解到期望薪资存在性别差异后，Hired.com 决定调整自己的政策。以前，求职者给出自己期望的基本薪资时是填写一个空白文本框。2018 年年中，Hired.com 改变了这个做法，改为根据求职者的职位、期望的办公地点、技能和经验，使用市场薪资的中位数预先填充薪资文本框。通过让求职者掌握更多信息并进行信息指导，平台消除了期望薪资的差距，使薪资报价差距变得微不足道。

你可能担心提高期望薪资会导致面试机会变少。然而，结果与你的担心恰恰相反——只要这种提高在合理范围内。平均而言，期望薪资高出 3% 的求职者（资质相似）更有可能获得面试机会，也许是因为公司将这种高期望解读为求职者拥有某些无法观察到的素质。

并不是所有人都使用预填的数字。认为自己高于平均水平的人会提出更高的薪资要求，而其他人则要求低一些。预填的中位数提供了一个更好的调整基准。在更高端的岗位招聘上最能看出设置基准的效果，因为这些岗位的薪资区间更大。Hired.com 创造了公平的信息竞争环境，从而使谈判更平等。

我们从这项研究中学到了什么？一个浅显的结论是，建立关系网和做调研能够帮助女性了解市场薪资水平。我觉得这个结论有问题，因为它把消除偏见的责任全都让女性承担了。一个更好的结论是，这是一个进行系统性变革的机会。

一个系统性的解决方案是让公司在薪资方面更加透明。让我们抛弃"薪资取决于经验"这种说法并给出一个确切数字。这也意味着公司不仅要给出薪资范围，还要提供区间内薪资中位数以及它们如何随经验和资质而变化。

推动薪资透明度提升的机会曾近在咫尺。奥巴马总统此前签署了一项行政命令，要求拥有 100 名及以上员工的公司按性别和种族披露薪资数据。但该命令在实施之前就被特朗普总统推翻。丹麦、德国和英国最近实施了类似的披露规则。丹麦的早期证据表明，薪资披露已将薪资的性别差距缩小了 13%。[16]

在法律得到修订或是来自 Hired.com 的数据被用于更多工作

之前，我们也可以努力改变禁止共享薪资信息的禁忌和规则。妇女政策研究所的一项调查表明，大多数员工被阻止甚至被禁止分享薪资信息，而这种保密规定加剧了收入上的性别差距。[17]

薪资披露可能会产生一些意想不到的影响，它会使加薪变得更加困难。雇主会不愿意提高某个人的薪资，因为随着薪资披露，消息会泄露，然后其他人都希望加薪；或者，当同事得知薪资差异时士气会下降。佐薇·卡伦和博巴克·帕扎－赫森教授的研究表明，薪资披露有助于实现薪资平等，但薪资水平会较低。[18]

比如，要对所有人一视同仁这条规则会赋予雇主方更大的谈判主动权。"我想给你加薪 1000 美元，但如果我为你这样做，我就必须给和你同级别的其他 10 个人都加 1000 美元，这样我得多支出 11000 美元，而不是 1000 美元，所以这么做不值得。"[19]我一直在孤立地讨论谈判，在许多情况下这样做都行得通，但在薪资谈判中似乎行不通。我们现在来看看谈判中的规则和互动是如何改变权力走向的。

第13章

规则与名声对谈判权力的影响

并没有任何自然法则规定每个蛋糕都必须按 50 ∶ 50 的比例来分。如果对方未从分蛋糕的角度考虑，或者谈判之外的某些因素赋予一方更多权力，那么这一方当然有可能获得一半以上的蛋糕。

要求平均分配是因为两方之间存在基本的对等。创造蛋糕需要各方平等参与。一方可以提出任何要求，另一方也同样可以。但如果这种对等性被打破，那么一方可能会获得一半以上的收益。

这里我考虑两种可能性。第一种是一次谈判的结果会影响另一次谈判（溢出效应）。就像我们在工资谈判中看到的，如果提高一个人的工资，那么公司就需要同步提高许多人的工资。这可能是因为法律规定要同工同酬，或是公司担心如果员工发现自己的薪酬比同事低，就会士气大减或离职。不管是什么原因，这种溢出效应会造成不对等，因为多给鲍勃 1 美元可能导致艾丽斯不只支付 1 美元，还要多付 10 美元给其他人。各方关心他们在未来谈判中的名声时，也会产生溢出效应。在这些情况下，谈判结果必须放在更大的背景下进行评估，而这一更大的背景对双方来说可能是不同的，因而导致对等性被打破。

打破对等性的第二种方法是一方可以发出最后通牒。一方给出报价让对方要么接受要么放弃，迫使对方只得到接近其最佳替代方案的份额，然后自己保留所有剩余部分。最后通牒确实存在权力不对等的问题，而一方可以向另一方发出最后通牒的原因尚不明晰。这一定取决于谈判之外的因素。有一种可能是其源于原则立场。在这种情况下，最后通牒起到了不同的作用：它们可以帮助一方分得一半的蛋糕！

名声

具有讽刺意味的是，对公平的关注可能会导致不公平的结果。艾丽斯现在或将来必须以同样的方式对待其他人这一事实，意味着给鲍勃额外 1 美元的成本远远超过 1 美元。我们都听说过这样一句话："我很想为你做这件事，但之后我就必须为所有人做。"

当你处于这种情况时，我建议你所提的要求应该是其他人可能不想要的东西或你可以作为例外的。以我自己的经历为例。我从普林斯顿大学跳槽到耶鲁大学时，因为担心我妻子在纽黑文难以找到新工作，我要求耶鲁大学提供二次抵押贷款。如果有两份薪水，我们就可以供得起我们心仪的房子，但只有一份薪水的话会很冒险。①耶鲁大学即使得向其他人提供同样的待遇，也很少有人会看得上。提供一次贷款并不意味着他们必须提供10次。在其他情况下，你可以要求有正当理由的特殊待遇，从而绕过平等待遇规则。比如，需要在外奔走的销售代表可能会要求公司报销手机通话费用，而会计人员则无法提出同样的请求。

除了我上面说的就业的例子，无论是在购买域名、汽车，还是可口可乐收购诚实茶等案例中，所做的谈判都是一次性的。双方后续不太可能再有互动。这种情况比比皆是，包括大量重要的案例，但其中显然也存在一方或双方都担心自己名声的情况。即使可口可乐不会再次与诚实茶进行谈判，它也可能会关心它将来交易时的名声。

这与之前对薪资溢出效应的担忧不同。让我们假设不管今天艾丽斯给鲍勃什么，现在乃至将来都不会对其他人产生直接影响。但即便如此，这场谈判也会给艾丽斯带来"她是某种类型的

---

① 幸运的是，我的妻子在搬家之前找到了一份工作，所以我们不需要二次抵押贷款。即便如此，这也只意味着我们暂时不必担心陷入困境。

谈判者"的名声，而这种名声可能会改变未来其他人与她谈判的方式。我想说的是，这种对名声的关切往往会提供支撑分蛋糕法的额外论据。

谈判者可能获得三种名声：（1）好对付，（2）公平，（3）不公平。一方在一次性谈判中本来是愿意达成某个条件的，但因为可能会因此留下某种名声，他改变了主意。这种变化是怎样发生的呢？

第一种情况是，艾丽斯本来愿意在一次性谈判中接受不公平交易。即便如此她也可能会拒绝这么做，因为她不想留下她只拿走小半块蛋糕的名声。她不希望别人把她看成一个好对付的人。对名声的顾虑导致人们拒绝少于一半的蛋糕。

如果艾丽斯在一次性谈判中分到了一半蛋糕，她建立的名声就只会强化她已有的行为。这样的话，将来更容易实现公平分配。这可能有助于她找到未来的谈判伙伴，因为人们希望与公平对待他们的人进行交易。在这种情况下，对名声的顾虑也强化了平分蛋糕的动机。

也可能有相反的例子。艾丽斯本来可能愿意在特定情况下进行平均分配，但她拒绝这样做，因为她不想由此失去强硬的名声。这种情况的前提是艾丽斯本来就想要这样的名声，尽管这可能会导致其他人不想跟她做生意。

最后一种情况是艾丽斯在一次性谈判中本有机会获得一半以

上的蛋糕。但为了树立公平和有原则的名声，艾丽斯可能会决定不拿超过一半的蛋糕。她放弃最大份额，是因为她担心其他人以后不想和她做生意。在这种情况下，对名声的顾虑再次将结果推向平分蛋糕。

当然，如果这个人看重强硬的名声——即使强硬到不公平的程度，会带来种种后果——就可能使交易远离分蛋糕。虽然肯定有谈判者似乎喜欢留下不公平的名声，但这样的名声可能会导致重大纷争，也导致别人除非万不得已不愿与其合作。

总的来说，我相信对名声的顾虑会导致人们拒绝小半块蛋糕，也不坚持获得大半块蛋糕。事实上，理想的名声似乎更能让人公平行事和平分蛋糕。

要么接受，要么放弃

谈判规则可以创造权力。最明显的例子是一方可以向另一方发出最后通牒。能够发出最后通牒的一方可以拿走大部分蛋糕，并让另一方接受仅仅略高于他们最佳替代方案的份额。

我们重新看一下艾丽斯和鲍勃分 12 片比萨的例子。如果没有达成协议，艾丽斯得到 4 片，鲍勃得到 2 片。艾丽斯如果能够向鲍勃发出最后通牒，说她可以给他 3 片，比他的最佳替代方案多 1 片，所以他应该接受。这样艾丽斯能够得到剩下的 9 片，这比平分蛋糕时艾丽斯得到 7 片的结果更多。

即便如此，我还是建议谨慎为之。如果过于不平衡，最后通牒可能会适得其反。如果艾丽斯给鲍勃的只比他的最佳替代方案多 1 片，他可能会负气拒绝。这样一来他只是失去艾丽斯多给的 1 片，而艾丽斯则要失去 5 片，因为如果没有达成协议，她得到的部分将从 9 片变回 4 片。也许艾丽斯分给鲍勃 4 片会更安全，这比他的最佳替代方案多 2 片。这样的话，艾丽斯留下了 8 片，比他们平分蛋糕时多 1 片。

单一的"要么接受，要么放弃"的最后通牒很难奏效。鲍勃也可以给艾丽斯一个反向的最后通牒："我给你 5 片。要么接受，要么放弃。"既然这同样比她的最佳替代方案多 1 片，那么艾丽斯不也应该接受吗？

目前一方可以给另一方发出最后通牒的原因尚不明晰。一方可以声称他已经给出了最好的最终报价，但这并不可信。事实上，当艾丽斯发出最后通牒要求 8 片时，如果她放弃，她失去的将比鲍勃多得多（艾丽斯将失去 4 片，鲍勃将失去 2 片）。在这种情况下，如果鲍勃拒绝，为什么损失更大的艾丽斯反而要放弃呢？艾丽斯可能会装作放弃，但鲍勃可以等她回心转意。

虽然很难有一劳永逸的最后通牒方案，但谈判协议或许可以营造出短期的最后通牒的可能。例如，考虑以下谈判方案，双方可以轮流报价或还价。谈判一直持续到一方接受另一方的提议为止。在某些情况下，一方可以立即还价，而有些时候，报价和还价之间存在固有的延迟。这种延迟通常代价高昂，而且对双方的代价可能不同。实际上，给出报价的一方可以发出一个短期最后通牒——他们可以获知固有的延迟还价导致蛋糕缩水了多少。

为了说明这种情况，我们假设艾丽斯和鲍勃打算分一个50美元的蛋糕。只要他们一天未达成协议，蛋糕就会持续缩小，就像罢工或停工会导致销量下降。在这个例子中，对方可以立即接受报价，但拒绝报价并还价要花费一周的时间。在那一周，蛋糕减少了10美元。

实际上，给出报价的一方可以就即将损失的10美元发出最后通牒。如果艾丽斯先出价，她提出按30美元：20美元来进行分配，到鲍勃能够还价时，蛋糕只剩下40美元。鲍勃与其希望一周后再平分蛋糕并得到20美元，不如刚开始就拿走20美元。[①]短期最后通牒提供的小优势就只是蛋糕缩小的那部分。而且，如上所述，想要蛋糕不缩小，就不应该过于贪婪地想要获得所有。

① 你可能认为鲍勃可以还价，要求按15美元：25美元分割（鲍勃得25美元）。但如果艾丽斯拒绝，那么蛋糕将进一步缩小到30美元。此时，艾丽斯可以要求按20美元：10美元分割。如果鲍勃拒绝接受10美元，那么蛋糕将缩小至20美元。此时，10美元：10美元的分割是鲍勃的最佳选择。否则，蛋糕将缩水到10美元，艾丽斯可以发出最后通牒，拿走最后剩下的全部（或近乎全部）10美元。

也许艾丽斯应该提出 28 美元∶22 美元的分配方案，这样鲍勃会更愿意立即接受。

其他规则也可能为一方提供优势，例如，有机会先出价并提供一个数字作为锚点——关于这一点的更多内容将在第 22 章中介绍。虽然规则可能会创造优势，但在大多数谈判中并没有外部的规则制定者。由于任何一方都无法单方面制定规则，因此尚不清楚规则是否真的赋予了权力。不管谈判的规则是什么，都应该是双方同意的。

而且，默认规则也是可以更改的。我们回顾一下第 7 章中的合并延长更改协议的例子。由买方支付的纽约抵押贷款的登记税和由卖方支付的转让税可以带来 80∶20 的分割比例，买家占大头。虽事实如此，但如果卖家坚持要求改为 50∶50 的平分比例也完全没问题。更改默认规则只是扩大了蛋糕协商的范围。在这场更大范围的谈判中，没有理由认为蛋糕不会被平均分割。

当然也有例外，那就是有来自外部的规则，例如法律法规。在工会谈判中，管理层必须秉持良好诚信的态度进行谈判，这就排除了发出最后通牒之类的行为。在其他情况下，法律不会影响谈判中的权力分配，但会影响最佳替代方案。以离婚谈判为例，如果双方最终对簿公堂，财产分割的比例由州法律决定。在适用夫妻共同财产制的 9 个州，婚姻存续期间获得的所有财产均按 50∶50 分配。其他 41 个州则要求财产"公平"分配，将离婚双方不同需求和赚钱能力纳入考量。

外部来源也可以是指导性原则。一开始我认为最后通牒可能会导致分配不均，但我越想越觉得，最后通牒其实最适合用来平分蛋糕。就我自己而言，我会准备向对方发出最后通牒，要求被公平对待。我不会接受给我不到一半蛋糕的报价。他们也可以向我发出同样的最后通牒，最终解决方案是我们平分蛋糕。我坚持我愿意接受的事情。

我的最后通牒基于一个原则，如果对方能提供一个原则性的理由解释为什么他们应该得到一半以上，我愿意接受。如果我算错了蛋糕，我愿意改正。因为分蛋糕不是随心所欲的，所以要坚持这个最后通牒。我不想因为任何微小的偏差导致我丧失立场，而且由于我提出了平分，如果他们拒绝，双方将遭受同等损失。

第14章
多方谈判时如何分蛋糕

当参与方超过两个时，谈判会变得比较复杂。主要原因是最佳替代方案不明确，一方的谈判结果将取决于其他谈判方之间的谈判。由于很难确定最佳替代方案，我们很难搞清楚蛋糕具体是什么以及如何分割。

在仅有两方参与的情况下，每一方都知道，如果没有达成交易，他们自己可以做什么。例如，安朱将购买一个 5000 美元的大额存单，而巴拉特将购买一个 20000 美元的大额存单。他们不需要考虑进行其他谈判。

在安朱和巴拉特的最初例子中，我们试着增加奇拉格作为第三方，但奇拉格并非积极谈判者。如果利率为 3%，他愿意出 5000 美元，这优化了巴拉特的最佳替代方案。如果巴拉特不与安朱做交易，他可以通过与奇拉格做交易赚取 600 美元。（其结果是，安朱和巴拉特创造的蛋糕从 300 美元降到了 100 美元。）

开展替代交易的可能性改变了最佳替代方案。但是，当安朱削价时，为什么奇拉格还要坚持 3% 的利率呢？奇拉格应该参与谈判。

本章我们研究在所有参与者都很活跃的前提下的多方谈判。在这种情况下，奇拉格和巴拉特之间的交易条件取决于巴拉特可以与安朱达成的最佳交易，而这反过来又取决于奇拉格可以提供什么，以及安朱和奇拉格一起可以做些什么。一切都是相互关联的。为解决上述问题，我们回过去讨论最佳替代方案。如果无法达成协议，每方最终会怎样？

在有三个积极谈判者的情况下，如果没有三方交易，最终结果很可能是双向交易。最佳替代方案取决于将发生哪种双向交易，以及在该双向交易中如何分配收益。要了解最佳替代方案，我们必须搞清楚一系列不同的谈判将会如何开展。

我们知道两方谈判的结果：双方一起平分蛋糕。在三方谈判中，悬而未决的问题是，如果谈判破裂，哪些两方交易会取而代之。这种安排决定了最佳替代方案。这是一场抢椅子游戏，因为两方交易这条退路必须将一方排除在外。没有人愿意被排除在外并最终空手而归。

如果某一方，如 A 方拒绝接受三方交易，有些人可能会想把他排除在外。但 A 可能只是对 B 或 C 的不合理报价做出回应。我们的目的并不是因为交易没有达成而指责谁，相反我们要看的是谁最有可能与谁合作。

你可能想知道是否可以提前制定对策。这不太可能。对于那些不能就三方交易达成一致的人，我们不应指望他们在没有达成协议的情况下确定谁将两两合作。这不仅仅是每个人都不想被排除在外的问题。如果三方交易破裂，每一方都有自己期望的结果，A可能想与B合作，而B可能想与C合作。

不过这并不意味着任何事情都会发生，或者各方应该预期组合会随机形成。有些组合比其他组合更有可能形成。例如，如果A和B都想与C合作，那么C将有权选择，A和B可以预测C想要合作的对象。假设C想要合作的对象是B，谈判者应该预期，如果三方交易失败，最有可能出现的是BC组合，其次是AC和AB。

有四方或更多方参与时，情况类似。如果各方不能达成四方交易，最佳替代方案很可能是三方交易的选项之一。如前所述，我们必须考虑是哪一个，至少我们要知道每种情况下的答案。如果我们可以基于作为最佳替代方案的两方交易来解决三方交易问题，那么我们可以将三方交易作为最佳替代方案来解决四方交易问题。

无论涉及多少方，整体情况都是一样的：谈判的重点是胜过最佳替代方案。当你进行谈判时，你的出发点应该始终是：如果你没有达成协议，会发生什么。如果没有上述信息，你很难（即使有可能）知道交易的好坏。

与两方谈判一样，各方仍在分割蛋糕，唯一的区别是进行分割的各方是谈判破裂后形成的组合和被排除在外者。而蛋糕则是如果那个被排除在外者加入，可以创造多少利润或可以节省多少成本。

即使很难明确将形成哪种组合，我们也可以研究每个可能的结果，并根据具体情况分割蛋糕。这有助于各方缩小可能结果的范围。此外，各方可以对这些场景进行加权平均，以得出分割蛋糕的预期值。

为避免过于抽象，接下来我们回到航空公司共享跑道的案例，以阐述我们如何给出一系列情形以及每种情形的解决方案。

再议跑道案例

如果几家航空公司共用一条跑道，就可以节省成本。在最初的例子中，有两家航空公司，A 和 B。现在增加航空公司 C。航空公司 A 需要 1000 米跑道，航空公司 B 需要 2000 米跑道，航空公司 C 则需要 3000 米跑道。如前所述，1000 米跑道的成本为500 万美元，2000 米跑道的成本为 1000 万美元，3000 米跑道的成本为 1500 万美元。

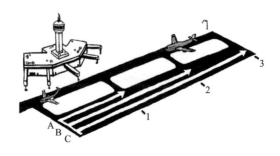

这三家航空公司共用一条长跑道可节省 1500 万美元，因为一条共享跑道的成本为 1500 万美元，而三条独立跑道的价格为3000 万美元。我们面临的挑战是，要搞清楚每一方应该为共享跑道支付多少费用。

让我们从一个猜想开始。回顾一下两家航空公司案例的逻辑，显然 C 应该支付它单独使用的最后一段跑道的全部费用。中间一段的成本应该在 B 和 C 之间平均分摊。这是否意味着第一段的成本应该在 A、B 和 C 之间分摊？正如我们所看到的，这是一种合理的方案。另外一种合理的方案是，A 支付第一段费用的一半，另一半费用由 B 和 C 分摊。

为了搞清楚哪种解决方案更合理以及具体原因，我们需要了解，如果航空公司无法达成三方交易，结果会怎样。我想提出两种可能的情形。

情形 1：如果没有三方交易，节省成本最多的两方建立合作关系，即航空公司 B 和 C 合作。

　　情形 2：如果没有三方交易，每个潜在的两方合作关系建立的概率相同。潜在的合作关系 AB、AC 和 BC，每个组合出现的概率是 1/3。

这两种情形是可能发生的极端情况，我估计实际情况会介于两者之间。我认为利益更大的合作关系更有可能建立。情形 1 是一种极端情况：仅建立了利益最大的合作关系。情形 2 是另一种极端情况：利益更大的合作关系没有获得任何额外的权重，三方交易未达成时，每个组合的可能性都一样。

情形 1 中的谈判并不难分析。由于没有三方交易，B 和 C 合作。这是有道理的，因为这两家航空公司都是对方的最优合作伙伴。它们合作可以节省 1000 万美元，如果任何一方与 A 合作，节省的费用都将少一半。B 和 C 按照 50∶50 的比例分配节省的 1000 万美元。这就是它们的最佳替代方案。对 A 来说，其最佳替代方案是为自己的跑道支付 500 万美元。

接下来是 A 和 BC 组合之间的谈判。你可以认为 B 和 C 有条件地形成了备用协议，现正以谈判来对此进行进一步改进。让 A 加入可额外节省 500 万美元，这就是蛋糕。在 A 和 BC 之间的谈判中，我认为更合理的方式是，把 BC 视为一个单一的实体，而不是两个独立的参与者。因此，我们坚持平均分配蛋糕，A 得到一半，BC 一起获得另一半，在 BC 组合内部，双方同样平分。

每一方付多少钱？

3000 米跑道成本总计 1500 万美元，由三方共同承担。A 支付第一段跑道费用的一半，B 和 C 分摊另一半费用。B 和 C 按 50 ：50 的比例分摊中段的费用。C 支付其独自使用的最后一段跑道的全部费用。

（单位：美元）

参与者	支付的金额	总计
A	500 万 × 50%	250 万
B	500 万 × 25% + 500 万 × 50%	375 万
C	500 万 × 25% + 500 万 × 50% + 500 万 × 100%	875 万
合计		1500 万

第一段跑道的成本没有三方均摊，原因在于，A 是与 BC 组合进行谈判，BC 组合作为一个整体行事。这种情形下的每一方（A 与 BC 组合）都觉得有权分得 500 万美元蛋糕的一半。如果 A 只支付 1/3 的成本，那么 BC 组合会觉得不合理。A 将获得其创造的蛋糕的 2/3（仅支付 167 万美元），远高于 BC 分得的部分。当 A 支付一半成本时，A 与 BC 组合的收益相同。

至此，我们有了三方谈判的潜在结果。这是我们一开始就给出的两个答案中的第二个。现在我们明白，这个答案是基于这样一种理念，即如果三方交易失败，A 将被排除在双向交易之外。这似乎是最有可能出现的结果，因为如果三方交易破裂，A 无法阻止 B 和 C 合作。

接下来分析情形 2。这个场景涉及更多计算，因为如果没有三方交易，则有三种可能的结果。我们同等对待每一种可能的结果。这三种可能性中的每一种出现的概率相同（1/3）。

2.1　BC 合作，A 被排除在外，然后 A 与 BC 谈判。

2.2　AC 合作，B 被排除在外，然后 B 与 AC 谈判。

2.3　AB 合作，C 被排除在外，然后 C 与 AB 谈判。

情形 2.1 我们刚刚在情形 1 中已经介绍过。

在情形 2.2 中，A、C 首先合作。它们只能创造 500 万美元的价值，因为唯一重叠部分是 A 需要的第一段跑道。它们按 50 : 50 的比例平分节省的成本。当 B 加入后，不需要额外建造跑道（因为已经为 C 建造了 3000 米的跑道）。B 加入 AC 组合创造了 1000 万美元的蛋糕，因为 B 节省了建造自己 2000 米跑道的成本。B 应该分得一半蛋糕，这意味着 B 为其使用 2000 米跑道出资 500 万美元。问题是 A 和 C 如何分配另外的 500 万美元。这一次，比例不是 50 : 50。

我认为可将节省的 1000 万美元分为两部分，第一部分是第一段跑道节省的 500 万美元，第二部分是第二段跑道节省的 500 万美元。A 要求获得第二段跑道节省的成本是不合理的。A 对第二段跑道节省的成本没有任何贡献。A 应仅从第一段跑道节省的成本中获得一半份额，在第二段跑道节省的成本中不占份额。C 承担了第二段（和第三段）跑道的全部成本，自能获得与第二段跑道相关的所有节省。

当 B 加入 AC 组合时，B 节省了 1000 万美元中的一半。1000 万美元的另一半，即 500 万美元，归 AC 组合：

A 节省了 250 万美元中的 50%；

C 节省了 250 万美元的 50% + 250 万美元的 100%。

归 AC 的第一笔 250 万美元是第一段跑道节省的成本，A 和 C 平均分配；第二笔 250 万美元是第二段跑道节省的 500 万美元中属于 AC 的份额，全部归 C。

总而言之，在情形 2.2 中，A 基于其最佳替代方案支付第一段跑道的一半费用，然后在 B 加入后收回其中的一半。B 支付 500 万美元（因此节省了 500 万美元）。与 A 一样，C 最初支付第一段跑道的一半费用和后两段跑道的所有费用，但是在 B 加入后收回其为前两段跑道所付费用的一半。

参与者	支付的金额	总计
A	250 万 -125 万	125 万
B	1000 万 × 50%	500 万
C	250 万 +500 万 +500 万 -（125 万 +250 万）	875 万
合计		1500 万

情形 2.3 的结果与情形 2.2 非常相似，但 B 和 C 的角色进行了互换。当 C 加入 AB 组合时，节省的成本仍为 1000 万美元，因为 C 可以使用现有的 2000 米跑道，但必须扩建延伸段，500 万美元的费用由其独自承担。与情形 2.2 一样，A 最终支付第一段跑道的一半费用，但当 C 加入时，又收回了其所付费用的一半。B 支付第一段跑道剩余的一半费用，为第二段跑道支付 500 万美元，然后在 C 加入后收回为这两段跑道所付费用的一半。C 通过加入 AB 组合节省了 1000 万美元的成本，自己保留其中的一半。

参与者	支付的金额	总计
A	250 万 -125 万	125 万
B	250 万 + 500 万 -（125 万 + 250 万）	375 万
C	1000 万 × 50% + 500 万	1000 万
合计		1500 万

接下来要做的就是将这三种潜在情形结合起来。

参与者	BC vs A	AC vs B	AB vs C	平均值	解释数字
A	250 万	125 万	125 万	167 万	$= \frac{1}{3} \times 500$ 万
B	375 万	500 万	375 万	417 万	$= \frac{1}{3} \times 500$ 万 $+$ $\frac{1}{2} \times 500$ 万
C	875 万	875 万	1000 万	917 万	$= \frac{1}{3} \times 500$ 万 $+$ $\frac{1}{2} \times 500$ 万 $+$ 500 万

我在最后一列对"平均值"列进行了算式改写，以便更好地解释结果背后的直觉认知。三家航空公司分摊第一段跑道的费用，这是解释数字列每行中 500 万美元的 1/3，B 和 C 分摊第二段跑道的费用（第二行和第三行中 500 万美元的 1/2），而 C 支付第三段跑道的全部 500 万美元费用。

这是我们一开始得出的第一个答案。现在我们明白，答案是基于以下逻辑，即如果谈判破裂，任何双向合作关系都有同样的概率。

情形 1 和情形 2 的差异在于，各方如何分摊第一段跑道的费用。A 在情形 2 下支付的费用较少，因为它有更好的最佳替代方案，它不太可能被排除在外。就最佳替代方案而言，由于 A 是平等参与者，它只支付第一段跑道费用总额的 1/3。相比之下，在情形 1 中，如果没有达成三方交易，A 肯定会被排除在外。这令 A 处于更不利的境地，导致其支付第一段跑道的一半费用。

谈判结果应该在情形 1 和情形 2 的范围内。没有单一答案的原因是，结果取决于参与方在谈判破裂时的预期。参与方期待更有可能建立价值更大的组合也是合理的，只是他们必须自己判断这种可能性有多大。

即使没有人确切知道如果各方未能达成协议会发生什么，也并不意味着他们应该放弃。他们可以预计 A 支付第一段跑道成本的 33.3%~50%，介于情形 1 和情形 2 之间。它们认为与高价值参与方达成合作的可能性越大，答案就越接近情形 1 的 50%。越是各种组合都有可能，答案就越接近情形 2 的 33.3%。如果有人提出超出此范围的解决方案，至少有一方有理由反对。

为了解决这一不确定性，我看到人们在谈判一开始就备好了谈判破裂时的计划。在航空公司的案例中，A 可能一开始就说：

> 我知道我们会达成很多一致意见，但以防万一，我们不想空手而归。大家是否认同以下做法：如果无法达成三方交易，那么我们就随机选出两方来做双向交易？

你应该对达成"不交易"协议保持警惕。我同意各方不应空手而归，但这个聪明人选择了最有利于他们立场的不交易情形。

如果我代表航空公司 B 或 C，我会提出反驳，并提议如果交易没有达成，则 B 和 C 合作。如果交易未能达成，要小心你答应了什么样的条件。你可能会认为，万一交易没有达成，有后备计划总归是好的。没错，但是只有确定了所有最佳替代方案以及三方交易中会发生什么，才能找到更好的后备计划。

当有三方或更多方参与交易时，你首先能够猜到的是情形 2 中提出的解决方案。这就像是第 9 章中答案的推而广之。各方平分其使用跑道的成本。在法律上，这被称为 Reaches 法（分层法）。在经济学上，这是运用沙普利值的结果，沙普利值是由劳埃德·沙普利提出的多人谈判问题解决方案（他因此获得 2012 年诺贝尔经济学奖）。

我也认为这是一个合理的解决方案，但不是最合理的。尽管各方平分成本看似是公平合理的，但我认为这不是最有可能出现的结果。在潜在的合理解决方案中，这为最弱的合作方带来了潜在的最大收益。这一答案背后有一个隐含的假设，即如果三方不能达成协议，航空公司 A、B 或 C 之间达成双向交易的可能性相同。

如果你认为在这种情况下 B 和 C 可能先组合，然后再与 A 谈判，那么 A 最终将支付第一段跑道成本的一半。虽然这听起来可能不太厚道，但就算我在 A 的位置上，如果我们不能达成三方交易，我也会押注在 BC 组合上。

共享管道

跑道例子基于以下真实案例。5 家房地产开发商建造了一条共享管道，将市政用水从卡莱瓜斯（洛杉矶北部附近）输送到他们位于西米山的近 2 万英亩[①] 的新开发项目。这条林德罗支线管道就像机场跑道一样，沿着 5 个房地产开发项目从东到西铺开。管道的成本很高，约为 430 万美元。因此，5 个开发商共享一个管道（而不是搭建 5 条单独的管道）节省了很多成本。当 5 家房地产开发商无法就成本分摊达成一致时，或者更准确地说，当他们无法就之前同意的成本分摊问题达成一致时，他们选择诉至法庭。[20]

一个阵营的人认为他们打算采用"直接容量法"，各方支付的金额与他们使用的容量成正比。如果一家开发商拥有两倍的土地，计划建造两倍的房屋，并且需要两倍的用水量，则这家开发商支付两倍的费用。这种方法将管道成本平分给规划中的每栋房屋。

原告美国夏威夷轮船公司倾向于采用第二种方法，即"替代设施法"，各方都以相同的比例平分节省的成本。例如，与单独建造管道相比，各方都节省 30%。

---

① 1 英亩 ≈ 4047 平方米。——编者注

第三个阵营的人主张采用分层法。他们的想法是，各方只分摊他们所使用的管道的成本。从卡莱瓜斯到开发商1的管道成本由5家开发商平分。第二段管道（从开发商1到2）由开发商2、3、4、5使用，因此成本分为4份。依次类推，最后一段（从开发商4到5）仅供开发商5使用，其他开发商没有理由分摊这部分成本。因此，开发商5独自承担最后一段的成本。这与跑道案例中的情形2极其类似，各家航空公司分摊其使用的跑道成本。

我将选择一些真实的数据（经四舍五入处理）来阐述这三种选项。为简单起见，仅讨论有三家开发商的情况。假设开发商1的建造成本是100万美元，开发商2是200万美元，开发商3是300万美元。与跑道例子一样，开发商3的路线正好经过开发商1和2的项目。

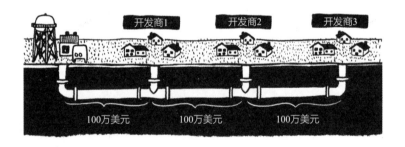

如果他们共享同一条管道，那么三家开发商成本总计为300万美元。如果他们建造三条独立的管道，成本将是100万 +

200 万 +300 万 =600 万美元。

我不知道每家开发商打算建造多少套房子，所以我不能告诉你直接容量法下的计算结果。但是，如果每家开发商都计划进行相同规模的开发，那么这一方案下的总成本将均摊，每家 100 万美元。

我感觉这种分配没道理，第一家开发商支付的费用与其单独建造管道的费用相同。这应该已经表明了方案的不合理之处。这种方式之所以说不过去，是因为它只是把管道费用均分成三份，但后续管道其实都依赖经过开发商 1 土地的管道才能有用，因此开发商 1 实际上承担了应该由开发商 2 和 3 承担的部分费用。

在替代设施法下，各方按相同比例分摊节省的成本。单独建造的成本是 600 万美元，合作建造的成本是 300 万美元。如果各方节省的比例相同，各方将支付其单独建造情形下成本的 50%：

开发商 1 支付 100 万美元的 50%=50 万美元

开发商 2 支付 200 万美元的 50%=100 万美元

开发商 3 支付 300 万美元的 50%=150 万美元

我感觉这也没道理。开发商 3 单独使用的第三段管道的成本也被分摊了。开发商 3 应该独自承担这部分成本。在替代设施法下，开发商 3 只需支付 150 万美元。我认为开发商 3 应该承担最后一段管道的全部费用，这意味着他只对前两段 200 万美元的成本贡献了 50 万美元，仅是开发商 2 为同样两段管道所分摊成本（100 万美元）的一半。

事实上，这种方案下开发商 2 的成本非常高，超过了在跑道案例中情形 1 或情形 2 下其应支付的成本。在这两种情形中，开发商 2 和 3 都分摊了第二段的成本，每一方分摊 50 万美元。对开发商 2 来说，两种情形下最糟糕的情况是，开发商 1 只支付第一段成本的 1/3（33 万美元），而开发商 2 和 3 为此各支付 33 万美元。因此，即使在最糟糕的情形下，开发商 2 也只支付 83 万美元，少于他在替代设施法下支付的 100 万美元。这就是我认为替代设施法下的方案不合理的原因。

下级法院裁定分层法最符合他们原协议的初衷，即"按上述管道使用比例分摊成本"。

开发商 1 支付 100 万美元的 33.3%＝33 万美元

开发商 2 支付 100 万美元的 33.3%＋100 万美元的 50%＝83 万美元

开发商 3 支付 100 万美元的 33.3%＋100 万美元的 50%＋100 万美元的 100%＝183 万美元

分层法与情形 2 相同。遗憾的是，对开发商 1 来，最后结局不太令人满意。上诉后，上级法院认为直接容量法最符合原协议的初衷。

此处用来说明三方谈判的例子在某些方面有点过于简单：跑道或管道都是直线，无须绕道，也不用对跑道进行加固以承受额外的负载。我写了一份附录并放在了网上，阐述如何处理那些更复杂的情况（喜欢数学的人可能会有兴趣）。读者可以访问 SplitThePieBook.com 去查阅。

再议节约瓶子成本案例

在航空公司或管道案例中，潜在合作伙伴都选择合作以避免重复劳动，从而创造最大的蛋糕，没有人被排除在外。现在我们探讨另一种多方谈判，其中买方与多个卖方谈判（或卖方与多个买方谈判，或多个买方与多个卖方谈判）。在这些情况下，并不是每个人都需要创造最大的蛋糕。买方可以让不同的卖方相互竞争，以确定排除哪个卖方，那些被排除在外的卖方只能以自己的最佳替代方案告终。但这并不意味着他们是无关紧要的——他们在改变交易条款方面发挥着重要作用。

我们回到可口可乐和诚实茶关于瓶子成本的谈判。回想一下，诚实茶的成本是每个瓶子19美分，可口可乐的成本是每个瓶子11美分，这创造了一个每个瓶子8美分的蛋糕。

在这里，我们将百事可乐加进来，假设其成本为每个瓶子15美分。如果诚实茶可以让两者互相竞争，瓶子的价格将继续下降，直至15美分。到那时，百事可乐不能再降低成本了，只能退出，但这并不意味着可口可乐以15美分的价格中标。

一旦百事可乐退出，各方还可协商如何节省4美分的成本。可口可乐可以从15美分降到11美分，这是诚实茶和可口可乐之间要分割的一块蛋糕。在那次谈判中，价格为13美分。

到目前为止，百事可乐在谈判中仅仅是配角。就好像诚实茶的最佳替代方案是百事可乐以15美分的价格提供瓶子。但如果诚实茶不能与可口可乐达成协议，诚实茶可能不得不与百事可乐进行谈判。

我们可以用刚刚在研究跑道成本分摊问题时提到的方法，来重新审视三方都活跃的情形下谈判如何展开。不妨将可口可乐、百事可乐和诚实茶分别称为C、P和H，而不是A、B和C。我们将以每瓶成本为基础进行探讨。

如果三方合作（下面用C–P–H表示），则可节省8美分。如果只是可口可乐和诚实茶组合，也可以节省8美分，如下面的C–H所示。下面是成本节省一览表，具体取决于哪几方组合。

C-P-H　8 美分

C-H　　8 美分

P-H　　4 美分

C-P　　0 美分

虽然可口可乐、百事可乐和诚实茶之间的三方交易看似很奇怪，但这意味着它们就如何平分 8 美分达成了一致。最终，可口可乐向诚实茶提供瓶子，百事可乐则可能依然会有助于降低价格。

与之前一样，如果没有三方"交易"，则存在三种可能性：

2.1　可口可乐和诚实茶组合，百事可乐被排除在外

2.2　百事可乐和诚实茶组合，可口可乐被排除在外

2.3　可口可乐和百事可乐组合，诚实茶被排除在外

情形 2.1 最一目了然。可口可乐和诚实茶可以一起创造 8 美分的蛋糕，双方平分这个蛋糕。百事可乐没有增加价值，因此收获为零。

可口可乐	诚实茶	百事可乐
4 美分	4 美分	0 美分

在情形 2.2 中，百事可乐和诚实茶组合作为后备方案，它们平分共同创造的 4 美分蛋糕。当可口可乐加入时，又节省了 4 美分。可口可乐分得一半，诚实茶分得另一半。百事可乐没有得到更多的原因是，它的加入只节省了 4 美分。另外 4 美分的蛋糕需要诚实茶的参与来创造，但不需要百事可乐。与航空公司 A 一样，百事可乐只有权分摊在"跑道"的第一段节约的成本。可口可乐加入后的结果是：

可口可乐	诚实茶	百事可乐
2 美分	4 美分	2 美分

百事可乐可以作为备选，这是百事可乐可以通过三方交易分得少量收益的原因。

在情形 2.3 中，可口可乐和百事可乐组合，作为它们的最佳替代方案。可口可乐和百事可乐不能独自节省任何成本，它们的最佳替代方案为零。请注意，可口可乐和百事可乐组合，并不意味着它们在共谋。事实上，它们的组合为诚实茶创造了令它们互相竞争的最大机会。

诚实茶加入时不必将全部 8 美分与可口可乐和百事可乐平分，原因是可口可乐只创造了 4 美分（相比百事可乐，其带来的额外收益）。诚实茶与可口可乐平分这 4 美分。百事可乐没有从中分一杯羹，因为除了降低可口可乐的成本，百事可乐本身并没有带来任何价值。诚实茶得到与可口可乐平分 4 美分的一半，以及另外 4 美分的全部，总共 6 美分。

可口可乐	诚实茶	百事可乐
2 美分	6 美分	0 美分

我们再来看最初的两种情形。在情形 1 下，谈判破裂时能够创造最大价值的两方组合。与这里的情形 2.1 相同：可口可乐和诚实茶分别得到 4 美分。

在情形 2 下，这三种情况的可能性相同。我们取三种情形的平均值：

可口可乐	诚实茶	百事可乐
$\dfrac{8 \text{ 美分}}{3}$	$\dfrac{14 \text{ 美分}}{3}$	$\dfrac{2 \text{ 美分}}{3}$

诚实茶分摊了节省的成本的一半多一点。诚实茶总是能够从节省的成本中分走至少一半，但它有时可以利用百事可乐的存在，与可口可乐达成更好的交易。

我想强调一个令人惊讶的观点。有人可能会认为，理想的情况是自身包含在两方组合中，而不是被排除在外且最佳替代方案为零。但正如本例所示，诚实茶在情形 2.3（被排除在外）中收益最佳，原因是与诚实茶谈判的那对组合的最佳替代方案也是零，并且存在内部竞争，即这对组合的任何一方都没有为谈判带来什么价值。因此，诚实茶得到了百事可乐创造的所有节省的成本，以及可口可乐额外节省的成本的一半。这与我们开始给出的案例结果相同，即百事可乐仅仅是配角。

第15章
如果你被对手利用了

我曾解释过在任何两方谈判中，权力都是平等的，但这不适用于存在三方或更多方的情况。特别是，当谈判一方发现自己被当作棋子了——也就是被利用以帮助别人获得更划算的交易，却没有得到任何回报。在上一章的情形 2.3 中的百事可乐就属于这种情况。

就我所知，这种情形在 1986 年的一个案例中得到了充分体现。当时荷兰甜味剂公司斥资 5000 万美元建造了一个工厂生产阿斯巴甜，即纽特阿斯巴甜的通用版。荷兰甜味剂公司预计孟山都公司的纽特阿斯巴甜在欧洲的专利将到期，因此建造了这家工厂。可口可乐和百事可乐都希望欧洲的甜味剂市场有更多竞争。它们告诉荷兰甜味剂公司它们对孟山都公司是如何不满，并鼓励荷兰甜味剂公司进入该市场。

荷兰甜味剂公司参与竞争后发生了什么？孟山都将甜味剂

价格下调了 2/3，并继续获得了可口可乐和百事可乐的全部业务。[21] 这在新合同有效期内为可口可乐和百事可乐节省了大约 2 亿美元。至于荷兰甜味剂公司，它成功获得了无糖苏打水的业务——一项价值少得可怜的业务。荷兰甜味剂公司建厂的成本是没法收回了。

尽管可口可乐和百事可乐声称对孟山都不满，但它们真正想要的是以更优惠的价格购买纽特阿斯巴甜。如果没有可替代的供应商，它们是无法做到的。荷兰甜味剂公司的阿斯巴甜和孟山都的纽特阿斯巴甜化学成分相同，但没有品牌价值。如果孟山都不降价，荷兰甜味剂公司确实会成为威胁，但不足以完胜孟山都的纽特阿斯巴甜。

这个结果可以说完全在预料之中。事实上，如果你觉得自己从未处于荷兰甜味剂公司的境地，我反而会惊讶于你运气太好。约会时，有人似乎对你感兴趣，但实际上却是在利用你让他真正爱慕的对象对他上心或做出更多承诺。职场中，有人似乎对你公司的某个职位感兴趣，但实际上却是利用你让现在的雇主给他加薪或升职。

我承认我也玩过这个把戏——不是在约会时，而是在买房时。我与美国银行锁定抵押贷款利率后，利率在 2019 年夏下降了很多。我锁定了利率，所以我的利率没有下降。但其他银行提供了更低的利率，有家银行以现行的更低利率给了我新的报价。只有在这个时候美国银行才肯纤尊降贵并给出了与新报价相匹配的利率。当然，我本可以选择给出新报价的银行（类似于荷兰甜味剂公司），但我已经完成了所有的文书工作、评估和收入验证。我喜欢我现在的贷款银行，只是不喜欢它的利率而已。

当你觉得有人将你置于荷兰甜味剂公司的境地时，你会怎么做呢？比如有人让你投标一个合同，而你知道现有的供应商可能会继续获得这项业务，你的报价只是为了让这家供应商实诚一点儿。

这件事无论怎样都是"输"。如果你不回应投标请求，你就没有获得业务的一丝机会。如果你做出回应，你最终只是为客户作嫁衣。最有可能的结果是你最后只得到一点点微不足道的好处。

此难题有一个解决方案：要求为参与谈判而获得回报。在实际谈判中，你可能一块蛋糕都分不到，你能做的是改变其他各方分配蛋糕的方式。这对得到更多蛋糕的一方来说，价值巨大。

荷兰甜味剂公司本应该这样做：建厂之前去找可口可乐和百事可乐，并以建厂为条件要求获得一份长期合同。

现在你们的阿斯巴甜买入价是每吨90美元。我们是否可以达成这样的协议：一旦我们的工厂启动生产，你们将以每吨50美元的价格从我们这里购买100万吨？

如果可口可乐和百事可乐拒绝，那便是一个非常有用的警告信号。荷兰甜味剂公司现在不能从可口可乐和百事可乐那里获得合同，它凭什么期待在建厂之后就可以？

最后，荷兰甜味剂公司损失惨重，甚至据称要关闭工厂。这时，它又去找可口可乐和百事可乐，告诉它们如果没有长期合同，它将会退出市场。可口可乐和百事可乐意识到如果发生这种情况，会让它们重新任由孟山都摆布，所以就同意了合作。荷兰甜味剂公司得到回报并得以留在市场中，然而要是能一开始就以参与竞争为条件得到回报，情况会好得多。

我说的以参与竞争为条件获得的回报，并不一定是现金，也不一定是预签合同。获得回报有很多方式，比如可以要求获得更多信息或可以接触关键决策者。

例如，有人要你去投标一个供应商合同，除了采购人员，你可能还想与负责质控的工程师对话。采购人员在乎的是拿到更低的价格，他们因此而获得奖励。如果你有其他的筹码，比如产品质量更可靠，那就需要找出谁会在意你的这些筹码，并与他们取得联系。询问那些人的 KPI（关键绩效指标），这样你就可以设计你的筹码，以帮助他们实现 KPI。如果采购人员对帮你联系这些人从而得到更划算的报价没有兴趣，那就是在直接告诉你，你中标的机会很小，很可能是被当作棋子了。

我所在的学术界，加薪有两种类型：一是按生活成本每年常规增长 2%；二是当你得到一个更具竞争力的外部录用机会时，有机会获得原院校的大幅加薪。（当然，有时院长也会说：这是一个很棒的机会，如果我是你，我就会选择跳槽。）为了获得大幅加薪，教员会"交易"录用机会。

假设卡什教授有兴趣来耶鲁大学，我们也很高兴她能加入我们的教员队伍。如果我们不给卡什发一份意向录取书，卡什就不可能来耶鲁大学。但与此同时，如果我们所做的只是在帮助卡什获得加薪，我们也不想费心费力。[①]

我们可以先询问卡什为什么认为纽黑文和耶鲁比她现在的城市和大学更好。几乎每个人都能想出一个合理的故事，说明他们为什么不开心，为什么想搬家。即便如此，大多数人对现任雇主的不满都可以通过大幅加薪来解决，而这样的加薪很可能会因我们提供的工作录用机会而实现。我们如何确定谁是真的想跳槽呢？

理论上，我们可以要求候选人接受有条件的合同。就像荷兰甜味剂公司应该要求与可口可乐签订以建造工厂为条件的合同一样，我们也可以要求签订有条件的雇佣合同。如果我们给你这样的薪资、研究支持和教学工作量，你接受吗？事实上，波士顿大

---

① 在学术界，要颁授一份终身教职需要费很大一番努力。我们须请 12 位学者评估候选人的研究工作，还要有委员会报告、教员投票和教务长委员会评审。

学奎斯特罗姆商学院就采用这种招聘方式。

奎斯特罗姆商学院采用这种方法有几个目的。它可以避免学院为此尽心尽力后才发现候选人的薪资期待是学院无法满足的。同样重要的是，它可以让候选人必须对奎斯特罗姆商学院做出承诺。各方期望的是，当正式录用发出时，候选人会接受。

这样奎斯特罗姆商学院就不容易陷入荷兰甜味剂公司的境地。你不可能找你的院长说："我收到了奎斯特罗姆商学院开出的××美元的录用机会，现在请你给我应得的加薪。"在你接受奎斯特罗姆商学院的职位之前，对你的院长，你是没有筹码的。

当然，更换工作的协议不是具有约束力的合同。正如我与美国银行重新谈判我的锁定利率一样，如果在合同签署之前出现了更好的报价，求职者可以与奎斯特罗姆商学院重新谈判条款。尽管如此，事先商定好的合同在很大程度上表明了候选人的承诺。

除了同意有条件的合同，候选人还有其他方式来表明承诺。耶鲁法学院在给某候选人提供高级教职机会之前，通常会要求此人来学院访问一学期。如果你只是利用工作机会来获得加薪，那可得为此下很大的决心。

我希望你谨防被当作棋子，为他人作嫁衣，但我也同样希望你思考如何利用他人来为自己作嫁衣。如果有人能使你的最佳替代方案变得更佳——让你得到益处，但对他们无益——那么他可能没有足够的动力如你所愿帮你得到一个更好的最佳替代方案。

我们希望可以不花代价就得到这种帮助。但如果你希望他们全力以赴，就该想办法补偿帮你优化最佳替代方案的人。你可以与他们分享一些他们带来的收益，也可以为他们提供一些信息渠道或人脉资源，或者可以确保他们获得部分业务。

假设百事可乐和可口可乐许诺荷兰甜味剂公司可以获得因它加入竞争而省下的成本的 10%，那么这家甜味剂公司降低成本的动力会更大。更低的成本又会增加其在竞争中获胜的机会，或者即使没有获胜也会增加利润。它越觉得其中有利可图，就越有可能参与，越努力地去竞争。简而言之，只有更多地奖励那些帮助我们改进最佳替代方案的人，我们才能更好地改进最佳替代方案。

第四部分

做大谈判蛋糕

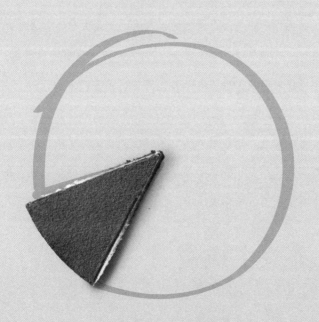

在前面几部分，我讲了蛋糕和平分蛋糕的原则。在众多案例中，蛋糕的大小是固定的——就像一个比萨有12块。但我们最好把蛋糕看作能根据谈判变大变小的东西。

在糟糕的谈判者眼中，一切都要分，一切都是零和博弈。对方提要求时，他的第一反应就是回答"不"，因为对方得到的多，他就必定得到的少。而优秀的谈判者则会尽力做出最大蛋糕，这样两份蛋糕才会尽可能大。

如果你不想当一个糟糕的谈判者，这是否意味着当对方提出要求时，你应该说"是"？对。但这并不意味着你只能说"是"而不要任何回报，也不意味着你要付出更多的金钱。

第16章会解释你为什么要给对方他想要的东西——并非出于友善或慷慨。倘若对方从交易中得到了他想要的，你就能得到你想要的。你赢了或输了多少并不重要，重要的是确保最在乎的一方得偿所愿并补偿另一方。这些"聪明的手段"就是把蛋糕做大的方式。这也是彰显同理心和非自我中心主义重要性之处。

第17章将介绍 Zinc-It 案例。我们会用一个科学家出售技术的扩展案例将我们所提到的观点付诸实践。这一章会提供一系列谈判记录，并简要介绍其中的对错。

在第18章中，我将分享如何站在对方的立场思考的相关经验。这是证明你理解对方的视角的关键。人们认为自己没有得到想要的东西是因为自己的想法没有被他人倾听或理解，所以就为此争个不停。他们认为只要你能通过他们的视角看事物，你就会改变主意。你可以通过展示他们的立场，表明你确实理解他们的立场。你选择了一个不同的结果并不是因为缺乏理解，而是因为还有其他一些你更看重的因素。这带给我们的教训是：对方并不总是能如愿以偿，但他们可以得到理解。你需要显示出你理解他们。

既然分蛋糕法是一个新想法，你就得让别人也接受它。第19章提供了一些相关建议。你想把分蛋糕法推介给老板时，带一个有条件的协议会有帮助。可以和他说：这就是你要求的协议，但我们还有一个更好的选择，如果我们真的想这样做，对方也会同意的。与其说"不"，不如弄清楚你说"是"的条件是什么，并向对方提出这些条件。如果对方拒绝，你也不会有损失，但他们可能会答应。如果想让对方为你承担风险，你得说"是的，如果"，而不是"不，除非"。这样另一方就会想知道，如果冒这个险，他们是否能成功。

第16章
给对方想要的东西，并得到自己想要的

是的，你没看错：你要给对方想要的东西。谈判者常常把精力花在与对方争论上，为的是不给对方所要的那么多。我并不是建议你打开钱包让对方随便拿。如果你能找到帮助对方得到他想要的任何东西的方法，那么这个方法也是得到你想要的东西的最好方法。

我从凯德·马西身上学到了这一课。凯德毕业于得克萨斯大学奥斯汀分校。他是一名狂热的橄榄球迷，同时拥有芝加哥大学的工商管理硕士和博士学位。[22]与诺贝尔经济学奖获得者理查德·泰勒一样，凯德认为美国职业橄榄球联盟（NFL）过度高估了排名靠前的新秀球员。[23]

长期以来，对人们在做决定时过于自信这一点，学术界一直存疑。这些结论大部分来自实验室。有经验的专业人士会落入同样的陷阱吗？会的。以美国职业橄榄球联盟为例，决策错误的代价以百万美元计，甚至会让球队错失超级碗冠军。橄榄球队通过放弃4次第二轮选秀权，获得了第一轮的首选权。虽然选秀冠军平均表现更好，但4次第二轮选秀权让球队获得职业碗球星的概率要大得多，而且成本也要低得多！（就算是4次加在一起的成本也是。）

除了琢磨橄榄球，凯德还是沃顿商学院的教授，讲授影响力和谈判课程。在此之前，我们曾一起在耶鲁大学任教，他对本书中的许多想法也有贡献。

凯德想知道谈判成功背后的原因是什么。他首先询问成功的谈判者，他们成功的原因是什么，询问对象涵盖了各行各业。

凯德首先询问了他父亲的朋友乔·莱姆利。乔主要买卖家畜、汽车、牧场等。他的工具只有两样——电话和烟灰缸。乔的回答很简单：

> 如果你能弄清楚如何给对方他需要的东西或者比他想要的更好的东西，你就可以从他那里得到任何东西。

下一个询问对象是一位成功的风险投资家，他答道：

> 我们试图弄清楚企业家想要什么，以及如何尽可能多地给予他们，这样我们才能得到我们想要的。

我们渐渐发现了规律所在。《华尔街日报》援引《雪山镇》系列剧的制片人格雷格·伯兰蒂的话：

> 我知道这听起来与艺术全然无关，但如果我能给他们想要的关系网，我就可以做我想做的事。

给对方想要的东西不是因为善良或慷慨，而是因为这符合你的利益。如果对方得到他想要的，就会有达成协议的动力。对方有达成协议的动力会帮助你得到你想要的。

有一点很重要：你要了解对方所想。只是给对方你以为他们想要的东西是没有用的，你需要弄清楚他们真正想要什么。

航海民族

在接下来的谈判中，我们可以看到这条准则如何发挥（或不发挥）作用。迈克尔和妻子在出售他们的加油站，打算用赚的钱进行一次为期数年的环球航行。迈克尔天真地根据旅行的成本来给加油站定价，而不是根据其市场价值。这让买家很生气，她甚至说："所以你对这笔买卖的主张是希望我们公司为你的航行提供资金。"

当你阅读下面的文字记录时，试想一下其中的错误。（可在图书网站 SplitThePieBook.com 上观看谈判场景再现。）

梅根（买家）：我们谈谈，我想购买你的加油站。

迈克尔（卖家）：好的，我告诉你我的想法，你就明白了。这个加油站，花费了我 12 年的心血，我和我妻子曾一度每天工作 18 小时。我的妻子正处于精神崩溃的边缘。我们想去旅行，打算卖掉加油站来支付旅行的费用。

旅行要花 48.8 万美元，这是我可以接受的底价，不能更少了，因为这就是旅行的费用。我卖掉了公寓，花 5 万美元买了一艘船，这 5 万美元就没有了，花在了船上，而且我还得继续为它花钱。

梅根：一艘船？

迈克尔：你想看船的照片吗？

梅根：不，不，不用麻烦了。

迈克尔：我有一些照片……

梅根：40 万美元怎么样？

迈克尔：这不够。可以商量的部分是船的额外费用——我即将要支付的费用。

梅根：你为什么要存钱买船呢？有比乘船更便宜的旅行方式。

迈克尔：（笑）我们是航海民族。

梅根：航海？

迈克尔：我认为可协商的部分是即将要付的额外费用。船要付 23 万美元，之后还要再付 6.8 万美元、7.5 万美元和 4 万美元，所以如果我们可以一项一项单独列出来，我们就可以……

梅根：所以你对这笔买卖的主张是希望我们公司为你的航行提供资金。

迈克尔：（笑）好吧，我想做的是……

梅根：因为我并不知道我为什么要在乎你想做什么。

迈克尔：……我想做的是用卖加油站的钱去环球航行啊。我坦诚相待，是希望你以某种方式和我达成互惠。我认为，如果我更了解你的想法，谈判可以更顺利，这也是我告诉你这一切的原因。

梅根：我们有更大的选择空间。我们可以买你的加油站，也可以在其他地方买，可以买一个新的，也可以买一个旧的然后进行修缮。我们甚至根本不必在这个区买。根据我们在加油站领域的专长以及自有的两个加油站，我认为我们已经给了你一个相当公平的报价。

哇！谈判进展不顺。就算是我来谈，也于事无补了。这次谈判中有很多应该被批判之处。

迈克尔说得太多了，泄露了太多信息。他要求互惠的时机太晚了。他不按市场定价。这些都是问题。双方最终没有达成协议，到底应该怪谁呢？

我认为这次谈判失败的根本原因是买家的"漠不关心"。在谈判中，梅根说"因为我并不知道我为什么要在乎你想做什么"，这是一个严重错误，是双方最终没有达成协议的原因。

如果你是买家，你愿意和迈克尔谈判吗？虽然他的论点并不总是合理，但他开诚布公，是一个很不错的谈判对象。迈克尔特别清楚自己想要什么，他想去环球航行。只是梅根并不在乎给予迈克尔想要的东西。

梅根为什么要在乎？加油站的价格与船的成本无关。

如果迈克尔想要的环球航行可以成行，会发生什么？他会卖掉加油站，梅根也会得到她想要的——迈克尔得到他想要的了，梅根才能得到她想要的。这就是她应该在乎的原因。

你在乎并不意味着你要付出更多，而是意味着你要努力，看看你能做些什么来帮助买家实现他的目标。如果梅根对这次旅行好奇一些，她就会知道迈克尔做预算时留了7.5万美元的储备金，作为旅行回来之后的生活费。如果梅根认为迈克尔是一个不错的经理，她会很乐意在他回来后给他一份工作。有了工作，迈克尔就不需要储备金，或者至少不需要7.5万美元的储备金。

这个解决方案让我想起了一个分橙子的谈判，这是罗伯特·豪斯开发的一个演练案例，并因《谈判力》一书而广为人知。[24]一方只想要果汁，另一方只想要果皮，但彼此不知道这一点，所以每个人都想要一个完整的橙子。双方需要分享彼此的偏好，从而找到一种更好的方法来分橙子，而不是仅仅将其分成两半。在我们的案例中，卖家的一个问题是旅行回来后没有工作，可以通过储备金来解决。但更好的办法是有一份工作在等着他。卖家没有考虑到这种可能性，因此没有提出这个要求。正像分橙子的双方需要讨论他们各自想要橙子的目的，此例中的双方需要分享彼此的计划和需求，才能找到"提供工作"这一解决方案。

梅根也许会发现还可以帮迈克尔解决其他问题。当迈克尔和妻子航海旅行回来时，他们所有的资产都与那艘船捆绑在一起。他们要卖掉这艘船，但不想贱卖。梅根的公司不该买这艘船，因为这不是他们的业务。但她的公司可以提供以船为抵押的短期贷款，使这对夫妇在返回后有更多时间出售这艘船，从而可以按其实际价值卖出。

工作和贷款是做大蛋糕的两种方式。有了这些谈判条款，迈克尔现在可以开始品尝蛋糕了。他会想要做成这笔交易。

这个情况与橙子的案例有一个很大的不同点在于，如果迈克尔得到工作机会，就会降低加油站的价格。这是买家需要在乎迈克尔旅行的另一个原因。

假设加油站经理的市场工资是年薪 5 万美元，那么迈克尔的这份工作价值多少呢？并不是 5 万美元。倘若迈克尔为了得到一份年薪 5 万美元的工作，将销售价格降低 5 万美元，那么他实际上将"免费"工作一年。请思考：迈克尔应该付出多少钱，才能在回来后有一份年薪 5 万美元的工作？

也许是 2 万美元。他免去了失业几个月的风险，更加安心。这便是额外的蛋糕。对梅根来说，还有额外的蛋糕：迈克尔是一位出色的经理，而好经理难寻。假设这价值 5000 美元。所以要分的额外蛋糕一共是 2.5 万美元。

当有人在谈判中提出要求时，人们会说"不"，因为他们认为这是在分自己的蛋糕。如果提的要求是更多钱时，确实如此。但如果你可以给他们钱之外他们想要的东西，你就能创造蛋糕了。

迈克尔原本该怎么说才好？我们会在第 21 章中详细讨论他可以透露些什么，但在现在这个例子里，迈克尔说想要环球航行是没问题的。这不会降低加油站的价值。告诉买家自己的想法，特别是当买家有同理心或至少好奇时，就会自然而然地聊到旅行之后的计划。打算退休吗？不。打算做什么呢？想当加油站经理吗？

迈克尔不应该这么快就透露自己的底线，也不应该根据旅行的费用来定价。但他做对了一件事：很清楚自己想要什么。

我所提倡的方法也是有风险的。如果你让对方知道你想要什么，而且他们给了你，你可能就不得不投桃报李，通常是以降价作为回馈。假设一个工作机会带来了一个更大的 2.5 万美元的蛋糕。为了分这个蛋糕，卖方要将售价降低 1 万美元，以对应获得的 2 万美元工作收益，而买方也应该多支付 2500 美元，以对应拥有一位优秀经理所增加的价值。最终结果是销售价格降低了7500 美元。

有时候，价格调整会让人们自以为他们得到的价值没有真实价值那么高。如果工作机会仅值 1.2 万美元，则卖方只需降价6000 美元，而不是 2 万美元的一半。问题是，如果你隐瞒或贬低你想要的东西的价值，你可能得不到它。记住，如果你要分蛋糕，保留下来的是你创造的一半。

我是对等原则的忠实拥护者。你想给对方想要的东西，但你不能拿走他们不想放弃的东西。我将在本章的"做出聪明的交易"一节讨论这一点。如果对方真的有什么不想做的事，强迫他去做很可能会毁了蛋糕，所以交易中不要包含对方不想做的事。

人们可能不愿告诉你他们真正想要的，他们通常更愿意告诉你他们不想要的，这同样有用。了解人们不喜欢的可以帮你发现他们喜欢的。找到对方真正不想放弃的东西，你就知道这对他们至关重要。这一点会通过他们拒绝了什么而不是答应了什么来体现。被拒绝也是了解对方的好途径。

篮球梦想

经过两年断断续续的会议后，2011—2012年篮球赛季岌岌可危。季前赛被取消，开赛日也过了。10月和11月剩下的日子也无希望恢复。很快，赛季就要结束了。职业曲棍球联盟曾经因为一场劳资纠纷取消了2004—2005年赛事，而今NBA（美国职业篮球联赛）似乎要悲剧重演。NBA和美国篮球运动员协会（NBA球员工会）要达成一致的话，需要先弄清楚双方真正想要什么，并以创造性的方式满足彼此。

职业体育是一种生意，但又与大多数其他生意完全不同。没有人会买票观看可口可乐与百事可乐的比赛，它们之间最精彩的比赛也不过是如果可口可乐生产出更好喝的饮料，它可能占领所有市场。相比之下，如果一支运动队轻松击败所有对手，观看比赛的兴奋感和悬念就会减少。占上风球队的球迷可能会对所有的胜利感到满意，但其他球队的球迷则会大失所望，那么蛋糕也没了。

要在运动竞技项目中做大蛋糕需要各队之间势均力敌。缘于此，许多运动联盟都采取措施限制各队之间的不平等程度，例如：给排名垫底的队伍更好的抽签机会，限制队伍人数，限制团队在招揽人才方面的经费。

如果一支球队有30名替补球员，而对手只有15名替补，这是不公平的，这一点毫无争议。而如果一支球队可以用两倍的工资吸引更优秀的人才，这是否公平？当然，有些球队的薪水很高，战绩却很差，但这是例外，不是常态。

NBA 认为，保持球队之间健康的竞争平衡对于做出最大蛋糕至关重要。这要求球队老板为每支球队制定硬性薪资上限，但这不是一件容易的事。每个球员都希望自己的球队能尽一切可能获胜。（球迷们也是同样的想法。）球员所不乐见的是，球队有工资上限就意味着如果其中一名队友工资越高，其他人的工资就越少。

集体谈判的一个维度是如何设定基本规则，从球队工资限额到药物测试不一而足，以达成做大蛋糕的目的。[25] 这一切都围绕收入份额谈判展开，正是这一数字决定了这个巨大蛋糕如何分配。根据先前的谈判协议，所有球员一共获得"篮球相关收入"（BRI）的 57%，这个计算公式涵盖了电视、球场和其他与篮球相关的总收入，然后再减去商定的费用。

你或许听说过斯蒂芬·库里年薪 4023 万美元的传言，其实并非全然如此。要计算出库里的实际到手工资，你需要将每个球员的工资加起来，然后与球员在"篮球相关收入"中的占比相比较。当球员的份额为 57%，工资加起来占"篮球相关收入"的 60% 时，每个球员薪资都缩水 5%，从而使总工资占比回落至 57%。相反，如果工资加起来只占"篮球相关收入"的 50%，每个球员都得到 14% 的加薪，从而使总工资占比回升到 57%。不管合同薪水加起来是多少，球队老板与球员在"篮球相关收入"中的占比一样。

从球队老板的角度来看，球员 57% 的份额太高了。根据他们的计算，他们在上个赛季共亏损了 3 亿美元——平均每支球队亏损 1000 万美元。30 支球队中有 22 支处于亏损状态。老板们坐下来谈判，希望停止亏损。

球员自然希望尽可能多地获得收入，因为没有他们，就没有比赛。而当谈判破裂，球队老板停赛后，我们发现，没有老板，也没有比赛。（一些球员去了欧洲，但这对大多数球员来说并没有吸引力。）

到 11 月下旬，谈判进入白热化阶段。球员们解散了工会，以此威胁要采取反垄断行动。NBA 取消了 12 月 15 日之前的赛季。过去的每一天都会让双方损失数百万美元，双方离达成一致不远了。老板提出五五分"篮球相关收入"，球员们则要求分配比例为 51 : 49。[26] 双方都不愿意做出最后让步以达成协议。

双方都尽力做大蛋糕。尽管每支球队的支出没有了硬性上限，但老板和球员制定了一系列税收方案，用以惩罚支出远高于平均水平的球队。但如果双方不能就分蛋糕达成一致，那就根本没有蛋糕可分。

打破僵局的解决方案是制定一个根据实际收到的收入相对于

预期收入来调整球员分成的支付规则。最后达成的协议是：

球员总薪水 = 预期"篮球相关收入"的 50%+60.5%×（实际"篮球相关收入"- 预测"篮球相关收入"）

球员分成的上限为 51%，下限为 49%。

要达成协议，就要给对方他想要的东西（以便得到你想要的东西）。球员们想要得到"篮球相关收入"的 51%。如果总收入最终超出预期，老板就可以更慷慨。球员将得到 60.5% 的超预期收益，这样球员就得到了想要的东西。如果收入比预期高出 10.5% 或更多，球员就能分到 51%。

如果收入低于预期，老板支付的工资就不会超过 50%，并且可能低至 49%。有了这个浮动工资机制，即使收入等于预期甚至稍微低于预期，老板们也不会赔钱。老板得到了想要的下行风险保障，球迷、老板和球员也得到了他们期盼的赛季。

双方达成了一项基于未定条件的协议，有助于双方处理一个充满不确定性的蛋糕。事实证明，收入确实比预期高出 10.5% 以上，球员们得到了 51%，老板们也赚了更多的钱。该协议运作良好，以至在 2016 年续约时，双方都坚持继续使用该模式。

做出聪明的交易

如果对方得到了想要的，是否就意味着你也应该得到你想要的？答案是肯定的，但需要谨慎一点，你必须仔细斟酌你想要的东西到底意味着什么。

在购买一辆雪佛兰博尔特时，我关心三个参数：年份、颜色和车载软件系统。那是 2019 年末，我想买一辆 2020 年款的。两款车几乎相同，但我认为 2020 年款保值力更强。我想要卡宴橙金属漆，但我不想要价值 595 美元的信息娱乐系统。

我最后买了一辆带有信息娱乐系统的 2019 年款运动蓝色博尔特。这是否意味着我输了谈判，因为我的三个目标中的任何一个都没有实现？完全不是。对于每一个目标，其实经销商都比我更在意，因此让经销商赢得谈判，反而让我获得更多。

做决定之前，我致电了几家经销商。遗憾的是，他们的 2019 年款要么颜色不是卡宴橙，要么就带信息娱乐系统。2020 年款则可以满足我的所有要求，但我能得到的最优价格是：37085 美元的经销商成本加上 3000 美元的经销商利润。

购买一辆完全满足我要求的 2020 年款的汽车成了我的最佳替代方案。我用表格列出了相关因素。2020 年款因为转售价值更高、卡宴橙更漂亮，所以价值要高 1500 美元。因此，如果买一辆蓝色高端 2019 年款，我就损失了 1500 美元。下一行我写道，我考虑不得不买 2019 年款的信息娱乐系统，在我看来这套系统也就值 295 美元。不幸的是，信息娱乐系统的价格涨到了595 美元。到目前为止，比起我的最佳替代方案，我损失了 1800美元。

我根据成本加经销商利润来协商价格。对于 2020 年款车型，通用汽车经销商的成本从 36085 美元增加到 37085 美元。购买2019 年款会为我节省 1000 美元。两款车最大的区别在于经销商的利润。对于 2019 年款，经销商愿意接受 500 美元利润，而对于 2020 年款，他们要 3000 美元的利润。因此购买 2019 年款让我增加了 2500 美元的收益。

（单位：美元）

	相比 2020 年款，购买 2019 年款的收益
颜色 + 年份	−1500
信息娱乐系统价值	295
信息娱乐系统成本	−595
经销商成本降低	1000
经销商利润降低	2500
净收益	1700

综合考虑，对我来说，购买 2019 年款比购买满足我全部要求的车要省 1700 美元。我放弃了对颜色、信息娱乐系统和车型年份的要求，因为经销商比我更在乎这些，而作为回馈，我在价

格上得到了补偿。[1]

简而言之，我是以输为赢。你也可以做到这一点。我说应该给对方想要的东西时，我的意思是当对方对某件东西的欲求比你更大时，你才应该给对方。这样他们就会提供一个更合适的价格作为回报。这就是创造蛋糕的方法。

同样，如果你对某件东西的欲求比对方更大，他们就应该把东西给你，而你应该是做出补偿的一方。更想得到的人，出钱自然越多。

人们很容易对谁在某一项上得了便宜斤斤计较，然后试图去高补低。这是错误的计算方法。假如用钱能弥补谈判失败的一方，那么两方都是"胜利方"。我们来看看这在房价谈判中是如何发挥作用的。

安迪和本想买他们的第一套房子。他们在图森郊外找到了一栋维护良好的牧场房屋，要价 65 万美元。他们觉得如果再找一找，应该可以找到更划算的房子，他们给牧场房屋估价为 62 万美元，出价为 60.5 万美元。经过一番讨价还价后，卖家降至 63

---

[1] 我和经销商分蛋糕了吗？我不确定。我的收益增加了 1700 美元，经销商增收 500 美元。尽管看起来我的收益更多，但根据总销售额，这里有隐藏的经销商激励。或者，他们一直卖不出去这辆车，只能折本 1200 美元出售。如果这样的话，500 美元的利润要比他们的最佳替代方案高 1700 美元。经销商还可以通过未来提供服务赚钱（假设我会光顾他们）。有 7500 美元的联邦退税，3000 美元的州退税，还有通用汽车 750 美元的教师折扣，我很难拒绝。我买车之后，康涅狄格州就将纯电车退税额从 3000 美元降低至 1500 美元了。

万美元，买家也给出了最高价 62 万美元。双方距离达成一致很近了，但还未能达成协议。双方都不愿让步，因为各方都觉得自己的出价就是他们的最佳替代方案。

这时，他们找到了一些创造性的解决方案来缩短价格差距。安迪提出，如果卖家愿意附赠客厅和餐厅的家具，他就可以"消除"差价。安迪对家具的估价为 1 万美元，因此，包括家具，他就愿意支付 63 万美元。

卖家对这个提议很满意，因为他们要减少负担。对他们来说，这些家具只值 6000 美元。他们觉得连家具一起出售倒是可行，但这样一来总价得加到 63.6 万美元。买卖双方的价格越来越接近了，但仍然没有达成一致。现在的差距只有 6000 美元。

这时本提供了建设性的建议。他提出是否可以将交易日提前到 8 月，以赶上新学年的开始。在他看来，与 9 月相比，8 月成交带来的价值为 2 万美元，这意味着他们可以将出价提高到 65 万美元。

虽然业主更愿意 9 月成交，因为还没有找到新的住处，但他们认为如果需要，他们可以将物品放在储藏室。对他们来说，与 8 月成交相比，9 月成交的额外价值只有 1 万美元。这意味着如果价格从 63.6 万美元涨到 64.6 万美元，他们愿意在 8 月成交。

这里有一个 4000 美元的蛋糕。双方公布各自的新估价，最终以 64.8 万美元的价格成交。在提出创造性解决方案之前，他们有 1 万美元的差额，或者说有一个价值 –1 万美元的蛋糕。这些解决方案创造了 1.4 万美元的价值，并由此产生了一个净值为 4000 美元的蛋糕。

买家在两个事项上都"赢"了：他们得到了家具和更早的成交日期。卖家同样"赢"得了更高的卖价。当然，买家会希望不但在这两个问题上如愿，而且不用支付更高的价格，这无异于我用 2019 年的价格买到了 2020 年的车型。对此你可以尝试，但是往往难以两全其美。更富有成效的方法是，让更在乎的一方如愿以偿，然后用钱作为对另一方的补偿。

从某种意义上说，这种计较谁在哪方面占了便宜的谈判就像在商店里购物一样。如果某件商品对你来说只值 6000 美元，你就不会花 1 万美元来买。谈判亦是如此。如果一个东西在对方看来价值 1 万美元，但对你而言只值 6000 美元，你就不会想得到这个东西。这就是卖家为什么会同意更早的成交日和送家具了。

谈判和购物之间的区别在于前者没有价格标签。如果双方在估值问题上开诚布公，如同商店里明码标价一样，就可以"做出聪明的交易"来做大蛋糕，从而避免使蛋糕变小的不划算交易。

我想思考最后一个难题。如果卖家也想更早成交，这对他们来说也价值 1 万美元呢？在这种情况下，双方都不想等到 9 月交易。唯一的问题是价格应该如何调整。一种观点是不需要调整，因为双方意见一致。

对卖家来说，价值 63 万美元的出价带来的收益变成：63 万 + 1 万（成交日的价值）-6000（家具的价值）=63.4 万美元，比他们的最佳替代方案还高 4000 美元。

买家出价 63 万美元的成本现在是：63 万 -2 万（成交日的价值）-1 万（家具的价值）=60 万美元，比他们的最佳替代方案还低 2 万美元。

的确，将交易日提前，就可以按之前 63 万美元的报价成交。同样，将交易日提前，按之前的 63.6 万美元报价也能成交。两种价格都能成交并不意味着我们就得二选一或平分差价，我们应该平分的是蛋糕。

以 63 万美元的价格成交，我们就有一个 2.4 万美元的蛋糕，卖家得到 4000 美元，买家则得 2 万美元。而以 63.6 万美元的价格成交，我们同样有一个 2.4 万美元的蛋糕，卖家 1 万美元，买家 1.4 万美元。为了平分蛋糕，价格须涨到 63.8 万美元，这样双方就都能多得 1.2 万美元。

提前成交对于买家的价值比卖家高 1 万美元，因而需要提价 5000 美元，以弥补价格差距。如果取 63 万美元的出价和 63.6 万美元的要价的中间价，再加上 5000 美元，价格将提至 63.8 万美元，这样就平分了蛋糕。①

除非双方就如何分蛋糕达成一致，否则 1 万美元和 2 万美元的收益都不存在，这就是调整价格的原因。这和合并延长更改协议案例一样。买卖双方都希望执行合并延长更改协议。根据税法，他们有不同的收益，而在默认情况下，卖方只能获得收益的 20%。在此例中，如果价格不调整，卖家只能从 2.4 万美元的蛋糕中得到 4000 美元，而卖家原本可以得到一半。

如果只有一方得到了想要的东西，就不难理解为什么他需要补偿另一方才可平分蛋糕。即使双方想要一样的东西，但需求程度可能是不一样的。没有补偿，蛋糕就不能被平分。创造蛋糕需要双方共同参与。金钱是一个伟大的均衡器，让双方平分蛋糕。

---

① 在改变成交日之前，63.3 万美元的中间价要比双方不交易还要低 3000 美元。新的成交日加上 5000 美元的价格调整，对双方的价值超过 1.5 万美元，让双方多得 1.2 万美元。

第17章
当双方看到的蛋糕不一致时

一方比另一方更乐观时，通常会出现这种情况：扑克玩家认为他会赢得全部赌注，而其他玩家会选择跟注；运动员认为自己的团队会赢得冠军，而对手同样信心十足；一位企业家认为他的企业将成为下一个亚马逊或特斯拉，但潜在投资者却没有这样的信心。

在这些情况下，蛋糕的计算会变得很棘手，因为各方对蛋糕的看法不同。当双方无法就基本问题达成一致时，如何谈判？如果不能就蛋糕是什么达成一致，又该如何分蛋糕？

我们讨论过的一种方案是等到蛋糕实现时再分。双方不必提前就将来的蛋糕是什么达成一致，只需要事先同意不管蛋糕如何，到时双方都会平分蛋糕。但如果双方对蛋糕可能是什么有不同的看法，我们就要有更好的方案。

我将举例说明观点分歧会如何创造出更大的蛋糕。我通过一个扩展的谈判案例来进行说明。在 Zinc-It［与 "trinket"（小装饰品）押韵］的案例中，与潜在买家相比，发明者对药物获得监管批准的可能性更为乐观。当你阅读这个案例时，想想你将如何与这样的人谈判。如果你是发明者，你的诉求是什么？

Zinc-It

阿里·哈桑一直想成为一名发明家。高中时，他就在英特尔科学奖大赛中获得过亚军。之后，他考入麻省理工学院学习化学，毕业后继续在塔夫茨大学深造，获得医学博士学位。哈桑博士平日在私人诊所的放射肿瘤科出诊，周末也会做做实验。他最近的实验主要是出于个人原因。哈桑的父亲患有胃酸反流的毛病，这种病症非常折磨人，也很危险，因为可能会导致食管癌。哈桑尝试了传统药物和矿物质，最终选择了一种由姜黄、大麦草和锌盐组成的化合物，将该化合物添加到碳酸钙（Tums 抗胃酸胃痛咀嚼片的主要成分）中，然后压成片剂。

在看到父亲的病症显著好转后，哈桑博士进行了一项试点研究，并利用这些数据获得了一项关于使用锌盐治疗胃酸反流的专利，研究结果发表在《美国胃肠病学杂志》上。文章发表后，多家公司联系哈桑希望获得该项专利的独家许可。一家公司计划用这款片剂与 Tums 抗胃酸胃痛咀嚼片竞争。这个名为"Zums"的团队并不打算申请美国食品药品监督管理局（FDA）的批准，他们计划将哈桑的发明作为膳食补充剂出售。当 Zums 提出 2000 万美元的全现金报价时，哈桑惊喜万分。

虽然这个方案非常不错，但作为一名医生和科学家，哈桑还是希望这项发明具有药物的可信度，而不是膳食补充剂。但是这不是 Zums 的选择，Zums 在寻求 FDA 批准方面既没有经验也缺乏兴趣。同时，哈桑还一直在与另一位潜在的买家沟通。"Zinc-It"团队在 FDA 的药品审批流程方面有经验，并愿意朝这个方向努力。在与 Zinc-It 反复讨论之后，双方拿出了以下 5 个方案待考虑：

（单位：美元）

方案	预付款	额外收益（如获 FDA 批准）	预期价值（见下述讨论）
A	2500 万	0	2500 万：500 万
B	2000 万	1500 万	2900 万：850 万
C	2000 万	1000 万	2600 万：900 万
D	1700 万	1500 万	2600 万：1150 万
E	1200 万	2000 万	2400 万：1600 万

获得 FDA 批准会对销售有极大提振作用，Zinc-It 愿意全力促成这个目标。如果成功，该公司预计在该药物的整个生命周期内可以赚得 1.2 亿美元的利润。如果未获 FDA 批准，Zinc-It 将按照膳食补充剂的方向推进，预计整个许可周期的利润为 2000 万美元。

按照 Zinc-It 团队的估计，哈桑的发明获得批准的概率只有 10%。但即使听到 Zinc-It 的估计后，哈桑仍然相信这种药物凭借出色的功效，获批概率可达到 60%。双方在获得 FDA 批准的概率上存在根本分歧。

这也意味着他们对蛋糕和每个潜在方案的价值存在分歧。举个例子，在 B 方案中，哈桑的预期价值为：2000 万 + 0.60×1500 万 + 0.40×0 = 2900 万美元。在这个方案中，2000 万美元是肯定会获得的预付款，此外哈桑在获得 FDA 批准的概率为 60% 的情况下，能获得 1500 万美元额外收益中的 60%（以及 40% 的情况下没有额外收益）。对于 Zinc-It，与 B 方案相关的预期利润为 850 万美元。如果没有获得 FDA 批准（90% 的概率），Zinc-It 向哈桑支付 2000 万美元的预付款，正好等于将这款锌盐片剂作为补充剂出售所赚取的利润，所以 Zinc-It 半毛钱都赚不到。如果成功获得 FDA 的批准（10% 的概率），Zinc-It 获得 1.2 亿美元，减掉给哈桑的 2000 万美元预付款以及 1500 万美元的额外收益，净收益为 8500 万美元。8500 万美元乘以 10% 的概率，就是 850

万美元。最右边一列数字即代表所有 5 个方案中双方各自预期的潜在价值计算。

鉴于 Zums 的高额报价，Zinc-It 知道无法以低于 2000 万美元的价格收购该业务。那是 Zums 的报价，也是哈桑的最佳替代方案。

而 Zinc-It 的最佳替代方案是公司能继续照常营业，这意味着哈桑永远无法让 Zinc-It 支付超出其对该笔交易预期利润的费用。从 Zinc-It 的角度来看，（在付款给哈桑之前）该药物可能的预期利润为：

90%×2000 万 +10%×1.2 亿 =1800 万 +1200 万 =3000 万（美元）

Zinc-It 与哈桑合同的预期成本需要低于 3000 万美元，以 Zinc-It 的预期利润为限。因此，在 A 方案下，支付哈桑 2500 万美元后，留给 Zinc-It 的平均利润为 500 万美元。

这些都是既成事实。不可能再回去与 Zums 重新谈判，将 2000 万美元的报价再谈高一些，也没有其他潜在的竞标人。此时，如果你是哈桑，你要提出什么诉求？你是 Zinc-It 的话，又要给出什么报价呢？在这个案例中，如何交易才公平？

与其只是想一想答案，不如实战演练一下。在继续阅读之前，建议你找一个朋友或同事就这个案例进行谈判。如果你没有合作伙伴，别担心，在你的脑海中进行谈判演练。你预期的结果会怎样？

在你就此案例进行谈判时，先忽略风险。我完全认同风险是一个重要因素，但要考虑的事情已经够多了，我想让案例保持简单并专注于"大家有不同认知"这一点上。因此，我要求你仅根据预期价值来评估每个方案。

这个案例中有 5 个方案供考虑。开始的时候（比如 15 分钟，如果你演练的话），请先按照这 5 个方案来。之后，可以随意提出新的方案。如果你们能就 A~E 这 5 个方案快速达成一致，那么早点转向新方案也是可以的。但是，如果你们在 15 分钟后还未能就 A~E 方案达成一致，请考虑增加新方案。

准备的第一步是计算蛋糕。因为大家对蛋糕的大小看法不一，计算蛋糕时有些棘手。与往常一样，我们按照超出双方最佳替代方案的水平来计算蛋糕。哈桑的最佳替代方案是一笔价值 2000 万美元的交易，Zinc-It 的最佳替代方案则是维持现有利润。Zinc-It 从这笔交易中获得的任何利润都是超过其最佳替代方案的收益。与其在我们所有的计算中总是代入 Zinc-It 的现有利润，不如将 Zinc-It 在无交易情况下的利润设为 0 美元，这样计算起来更简单。这样的话，蛋糕的大小就是哈桑的预期收益与 Zinc-It 的预期利润之和与 2000 万美元相比的差额。

例如，在 A 方案中，两个预期价值 2500 万 + 500 万 =

3000 万美元，比他们的最佳替代方案多了 1000 万美元。我把上一个表中最右边的预期价值复制到下面这个表的中间列。

（单位：美元）

方案	预期价值	蛋糕
A	2500 万 +500 万	3000 万 – (2000 万 +0) = 1000 万
B	2900 万 +850 万	3750 万 – (2000 万 +0) = 1750 万
C	2600 万 +900 万	3500 万 – (2000 万 +0) = 1500 万
D	2600 万 +1150 万	3750 万 – (2000 万 +0) = 1750 万
E	2400 万 +1600 万	4000 万 – (2000 万 +0)= 2000 万

如果双方就 B 方案达成一致，则总收益为 3750 万美元，比无交易时的 2000 万美元收益高出 1750 万美元。这 1750 万美元就是蛋糕。在每种情况下，我们通过将达成协议时的预期收益相加并减去 2000 万美元（考虑到最佳替代方案）来计算蛋糕。

我们可以快速得出以下结论：A 方案下蛋糕最小，E 方案下蛋糕最大，B 方案和 D 方案下蛋糕大小相同。哈桑最倾向于 B 方案，而 E 方案对 Zinc-It 来说最佳。相比 A 方案，双方都更喜欢 B 方案。

这个案例已经演练了数千次，人们可以通过几种不同的方式进行谈判。

（1）采取强硬手段：一方发出略高于对方最佳替代方案的报价。

（2）轮流移除选项：如果你放弃你最心仪的方案，那我也放弃我最心仪的方案。

（3）绘图法：用图来展示哪个方案是分蛋糕的最优方案。

（4）事后分蛋糕。

（5）用甜菜换西蓝花：给各方想要的东西。

（6）险中求胜：该冒多大的险呢？

剧透警告：如果你打算进行谈判演练，请先暂停阅读，完成谈判后再继续看下去。

采取强硬手段

虽然我主张 50 ∶ 50 的分配法则，但总有人试图获得超过一半的收益——有时甚至远远超过一半。在仅有预付款的交易中，预付款的可能范围为 2000 万 ~3000 万美元。哈桑收到的报价是 2000 万美元，所以他绝不会接受任何低于此的报价。Zinc-It 如果支付金额超过 3000 万美元，预计会亏损。预付款为 2000 万美元时，1000 万美元的蛋糕全归 Zinc-It 所有；预付款为 3000 万美元时，1000 万美元的蛋糕全归哈桑所有。在 A 方案中，两方平分价值 1000 万美元的蛋糕。对哈桑来说，2500 万美元比 Zums

的出价高 500 万美元，Zinc-It 预计能赚 500 万美元。

如果有人要求一半以上的蛋糕，你应该如何回应？与蛋糕有关的一切都是完全对等的。如果对方要求按 60 ∶ 40 的比例分蛋糕（他拿大头），你也可以反其道而行之，按 60 ∶ 40 的比例分割，但你拿大头。对于每一个报价，都有一个相等但相反的还价。就像歌舞剧《飞燕金枪》（*Annie Get Your Gun*）中的歌词一样，"他们能做的任何事情，你也可以做"。

然而，如果你不加理解而照搬这种方法，就会出现问题。我们来看一下某次谈判的记录。哈桑把这个反转做得过于极端，让自己陷入了困境。

> **Zinc-It（买家）：** 我们开门见山吧。
>
> **哈桑（卖家）：** 我同意。
>
> **Zinc-It：** 我知道 Zums 的出价是 2000 万美元。
>
> **哈桑：** 没错。
>
> **Zinc-It：** 我们的报价更好。
>
> **哈桑：** 太好了。
>
> **Zinc-It：** 是的，我们的报价是 2000 万美元再加 10 美元（20000010 美元）。
>
> **哈桑：** ？？
>
> **Zinc-It：** 是的。

哈桑：当你说你的报价更好时，我认为你的意思是明显优于这个出价。

Zinc-It：对呀。20000010美元确实比Zums的出价多了10美元。

哈桑：从商业角度来看我们的交易目的，我认为这没有意义。在查看贵公司的数据后，我知道贵公司愿意支付3000万美元。所以，如果按照贵公司的逻辑，你应该给我们29999990美元，这与你刚说的情况完全相同——

Zinc-It：但是Zums给你的报价只有2000万美元，所以我们应该理性地谈这2900万美元。

哈桑：好吧，如果我们以29999990美元的价格成交，你将节省10美元。难道你不应该做些让步——

Zinc-It：我认为当你的要价比Zums的报价多1000万美元时，你有点儿贪心了。

哈桑：我觉得是你有点儿贪心了。

Zinc-It：好的，我退出，谢谢。

买方就这样离开了房间。

一个侮辱性的报价与同样侮辱性的还价效果相当。当报价具有侮辱性时，提出假设的反转而不是实际的反转效果会更好。如果蛋糕是1000万美元，有人给你10美元，相比直接还价说给他们 10 美元，以假设的方式还价效果会更好：

> 你刚才说从 1000 万美元蛋糕中给我 10 美元。我想如果我提议你拿 10 美元而我拿走 9999990 美元，你也会非常生气。但我不会那样做，因为那不是我的谈判方式。但请理解，我对你给出的 10 美元的感觉与我刚才假设只给你 10 美元时你的感觉完全相同。

我称此方法为"以水灭火"法。对方通过给出仅 10 美元的报价点火发难。你可以以牙还牙，也给他们报价 10 美元，但这会导致问题升级。当有人点火时，更明智的做法是扑灭它。

即便你成功地把火扑灭并说服对方平分蛋糕，也不意味着你就应该同意 A 方案。这是一个小蛋糕。因为双方看待世界的方式不同，所以两方都有可能做得更好：对双方来说，B、C 和 D 方案都比 A 方案好。

轮流移除选项

在实践中，谈判者如何在一系列方案中做出决定？一种常见的策略是轮流移除选项：如果你去掉那个，我会去掉这个。如果你放弃 B 方案，我就放弃 E 方案。虽然这样的程序可能被认为是公平的，但我必须事先说清楚：我认为这是一种有误导性的观点。为了交易放弃方案并不公平。

下面是 Zinc-It 与哈桑（及他的律师）按这种方式谈判的例子。

Zinc-It：我们一起努力把问题解决。让我们先取得一些进展并开始……

哈桑的律师：听上去已经排除 E 方案了。

Zinc-It：不，并没有排除 E 方案。

哈桑的律师：我们已经讨论过 E 方案对我们双方都不利，所以我们应该尝试……

Zinc-It：E 方案可能对你方不利，但对我方来说确实是很好的方案。如果你想排除某些方案，不如你放弃 B 方案，那样我也会放弃 E 方案。

哈桑的律师：不，不……，绝对不行！

Zinc-It：我认为我们都需要做出妥协。

哈桑的律师：B 方案得留着。

Zinc-It：B 方案不能保留，如果你想……

哈桑的律师：我认为我们应该妥协，排除 E 方案。

Zinc-It：你没听到我刚才说什么，这样做对我很不利。

哈桑的律师：不不不。我听到你在说什么，但我的意思是我们不会那样做。我们要排除 E 方案，保留 B 方案。

Zinc-It：我认为你还没搞清楚。除非你放弃 B 方案，否则我不会放弃 E 方案，然后我们就剩下……

哈桑的律师：你可以再考虑考虑，因为我们不会这样做。

哈桑（弱化了律师的强硬态度）：我以为我们可以这样做，可以这样做。

Zinc-It：这太棒了。谢谢你。终于，我们有人愿意为了更好地谈判而做出妥协……我们现在剩下 C 方案和 D 方案。

人们不使用分蛋糕法时，就会发生这种情况。他们提出的程序表面上听起来很公平，但缺乏基本原则来支撑。

如果你放弃 B 方案，我就放弃 E 方案，这种想法没有道理。这听起来很公平，因为各方都放弃了对自己最有利的方案。问题是 E 方案完全是一边倒的方案，而 B 方案则提供了近乎完美的分蛋糕法。通常采用这种谈判方式最后会导致大家选择 D 方案，它与 B 方案的蛋糕大小相同，但分割方式更有利于 Zinc-It。

事实上，如果对方认为你会选择这种谈判方式，他们会从你的角度增加 F、G、H、I、J、K、L、M、N、O 和 P 等各种糟糕的方案选项。你想去除这些选项，就要以去除 A、B、C 和 D 来交换，这看似公平。实际上，这些只是诱饵，你最终会选择 E

或更糟的方案。你最终会陷入摆在桌面上讨论的一堆糟糕的报价里，这就没有什么公平可言。

程序公平的想法非常强大。一旦你开始了一个过程，这个过程就有了动力。双方都做出让步，参与者认为这是互惠的，双方都放弃了一些东西。这种互惠让人们以为这个过程是公平的。

然而，这个过程并没有真正的互惠。这些让步不一定等价。为了摆脱一个不公平的结果而放弃一个公平的结果是没道理的。说得再简单一点，放弃一个公平的结果是没道理的。各方被引导着去遵循一个他们认为公平的过程，而不是寻求公平的结果，但过程或结果并不公平。轮流移除选项的互惠是一种海市蜃楼。除了牺牲公平结果，它还给人们带来一种谈判动机，那就是多带一些糟糕方案到谈判桌上，以便后期放弃来换取对方让步。

到目前为止，我已经强调了不该做什么。接下来我们把注意力转向一些更聪明的举动。

绘图法

一直盯着所有数字看，会让我们目不暇接。双方可能无休止地一直比较 B 方案和 D 方案的优点，在两者之间摇摆不定。而如果我们把各个方案都绘制在一个简单的图上，一切都会变得更加清晰。

我们看到 A 方案正好平分 1000 万美元的蛋糕。同样很明显，两方都更喜欢 B 方案而不是 A 方案，所以 A 方案基本直接出局。E 方案的蛋糕最大，但分割得极不均匀，所以 E 方案也排除。哈桑对 C 方案和 D 方案不感兴趣，但 Zinc-It 更青睐 D 方案，没有理由选择 C 方案，剩下 B 方案和 D 方案。

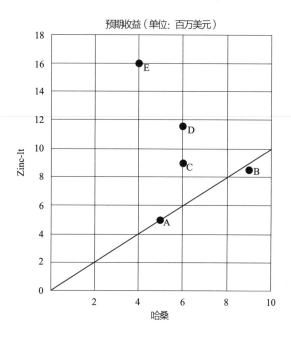

预期收益（单位：百万美元）

这两种情况下的蛋糕大小相同，都是 1750 万美元。但从图中可以立即看出，B 方案的分割比例接近 50：50，而 D 方案的分割更不均匀。这张图为 B 方案提供了一个清晰而令人信服的理由。Zinc-It 可能不喜欢这个结论，但没有有效的反驳理由。将 5 个方案都放在图上后，哪个结果公平对双方来说都应该是显而易见的，无须浪费时间就可以结束谈判。

到目前为止，我们一直专注于就这 5 个指定方案进行谈判。如果对设立新方案的想法持开放态度，就有可能创造出更大的蛋糕。

事后分蛋糕

在这种情况下，哈桑和 Zinc-It 求同存异。虽然他们在能否获得 FDA 批准的概率上未达成一致，但他们都同意如果获得批准，额外的 1 亿美元利润由两方平分。他们同意 2000 万美元预付款（与 Zums 一致）加各 5000 万美元额外收益的方案。

如果未能获得 FDA 批准，双方在交易中的额外收益都为零。哈桑所得与 Zums 的报价相同，而 Zinc-It 则收支平衡。如果获得 FDA 批准，双方将额外各得 5000 万美元。

这似乎很公平，但是存在一个问题。我们回看一下签订合同时的估值。哈桑认为这份合同价值为：2000 万 +60%×5000 万 = 5000 万美元，比 Zums 的报价高出 3000 万美元。Zinc-It 只有在获得 FDA 批准时才能获利，其预期收益为：10%×5000 万 = 500

万美元。我们有一个 3500 万美元的大蛋糕，但分得非常不均匀。

用甜菜换西蓝花

理想的合同是什么样的？

要回答这个问题，我们先看一下爱平和柏霖之间关于如何分三勺甜菜和三勺西蓝花的谈判。爱平更喜欢甜菜，柏霖则更喜欢西蓝花。分别给两方一半的甜菜和一半的西蓝花是一个错误的答案。既然爱平喜欢甜菜，而柏霖更喜欢西蓝花，更好的做法是把甜菜全部给爱平，西蓝花全部给柏霖。

在 Zinc-It 案例中，我们有预付款和额外收益两部分。这种情况就像甜菜和西蓝花。哈桑将每 1 美元额外收益的价值定为 60 美分，而 Zinc-It 将这部分的成本定为 10 美分。事后分蛋糕只给了哈桑一半的额外收益，我们应该把所有的额外收益都给哈桑。每多出 1 美元的额外收益，就会多出一个 50 美分的蛋糕。

我们可以在原始表格中看到这一点。没有额外收益，蛋糕是 1000 万美元。如果额外收益达到 1500 万美元（如 B 方案），将产生额外的 750 万美元的蛋糕，使蛋糕总额达到 1750 万美元。如果额外收益一直增加到 2000 万美元（如 E 方案），将产生额外的 1000 万美元蛋糕，蛋糕总额达到 2000 万美元。

额外收益要增加到什么程度呢？就像甜菜和西蓝花一样，我们应该把事情做到极致。我们给哈桑的额外收益越多，蛋糕就越大。如果获得 FDA 批准，我们将给哈桑 1 亿美元的额外收益，此时的蛋糕最大！这将产生 6000 万美元的蛋糕。

为什么止步于 1 亿美元？除了这是一个非常大的数字，还有一个原因：如果额外收益变得过大，那么 Zinc-It 不会希望项目成功。如果 Zinc-It 故意破坏项目，哈桑将一无所获。因此，哈桑希望确保 Zinc-It 仍有动力或至少不会阻碍药品获得 FDA 的批准。如果未获 FDA 批准，总收益为 2000 万美元；如果获批，则总收益为 1.2 亿美元。获批增加了 1 亿美元收益。如果 Zinc-It 支付的金额超过 1 亿美元，他们宁愿项目失败。

也许我们应该将额外收益限制在 1 亿美元以下，以确保 Zinc-It 有绝对积极的动机来获得批准。简单起见，我们将上限设为 1 亿美元。

既然我们已经弄清楚了如何使蛋糕尽可能大，那么我们如何将它平均分割呢？Zinc-It 支付的预付款越多，哈桑得到的蛋糕就越大；相反，Zinc-It 支付的预付款越少，Zinc-It 得到的蛋糕就越大。如果我们把所有的西蓝花或者说额外收益都给哈桑，我们应该给 Zinc-It 所有的甜菜，这意味着 Zinc-It 可以保留所有的预付款。

我们可以使用 Excel 表格来计算不同大小的额外收益下的各方收益。在下表中的所有情况下，预付款均为 0 美元。我们使用了最低的预付款，以便将尽可能多的西蓝花或额外收益分给哈桑。从表中可以看出，当额外收益略高于 7000 万美元，准确地说是 7140 万美元时，双方的收益相等。

（单位：美元）

额外收益	哈桑所得	Zinc-It 所得
1000 万	-1400 万	2900 万
2000 万	-800 万	2800 万
3000 万	-200 万	2700 万
4000 万	400 万	2600 万
5000 万	1000 万	2500 万
6000 万	1600 万	2400 万
7000 万	2200 万	2300 万
8000 万	2800 万	2200 万
9000 万	3400 万	2100 万
1 亿	4000 万	2000 万

我们经常听到这样一种说法：公平的解决方案是找个折中方案。那么在 A~E 方案中，折中就意味着选择 C 方案。折中方案就像给双方各一半的甜菜和一半的西蓝花。这是公平的，但结果就是一个小蛋糕。做大蛋糕的方法就是把事情做到极致。0 美元预付款和 7140 万美元额外收益的情况也是分蛋糕的办法，而这个蛋糕有近 4600 万美元。

为什么人们很难看到这个？我不是指确切的 7140 万美元。我的意思是，为什么人们会抵制获得大笔额外收益的想法？当人们就这个案例进行谈判时，许多人都没有考虑到大笔额外收益，甚至是超过 2000 万美元的额外收益。

造成盲点的一个障碍是，伴随大笔额外收益而来的是小笔的预付款。哈桑方会认为，如果 Zums 提供 2000 万美元的预付款，那么无论如何，Zinc-It 也必须至少有 2000 万美元的预付款。谈判双方的立场是，Zinc-It 的报价必须在所有方面都优于 Zums 的报价。

这有没有道理呢？没有。要把事情做到极致就应该把这一点搞清楚。作为哈桑，你是否愿意接受 19999999 美元的预付款，以此来换取获得 FDA 批准后的 5000 万美元额外收益？我当然愿意。你冒着少得到 1 美元的风险来换取有 60% 概率的 5000 万美元。如果你连这个赌都不想打，你可能觉得过马路都是在冒险吧。

如果哈桑坚持预付款为 2000 万美元，那么他通过分蛋糕得到的额外收益就是 1430 万美元[①]。这笔交易的预期价值仅比他的

[①] 之所以是 1430 万美元，是因为在此额外收益下，按照 Zinc-It 在获批后盈利 1.2 亿美元的预期，其获得的蛋糕份额是 [1.2 亿 – （2000 万 +1430 万）]× 10% ≈ 860 万美元，与此时哈桑所得份额 1430 万 ×60% ≈ 860 万美元大致相等，双方平分蛋糕。——译者注

最佳替代方案高出 860 万美元；而在 0 美元预付款下额外收益为 7140 万美元的情况中，哈桑的预期收益可多得 2290 万美元。对此视而不见不只会伤害哈桑的利益，Zinc-It 的预期利润也从 2290 万美元降至 860 万美元。同意分蛋糕的一个意想不到的好处是，对方有强烈的动机来阻止你犯下伤害你自己的错误，因为你的错误也会拖累他们。

克服异议

仅仅想出一个创造性的解决方案来做大蛋糕是不够的。你还必须说服对方接纳这个想法。这意味着你要预测并克服可能存在的反对意见，例如哈桑绝不接受低于 2000 万美元的预付款。支付给哈桑的总价值必须超过 2000 万美元才能胜过 Zums 的报价，但这并不意味着预付款必须超过 2000 万美元。我们会在第 20 章详述如何为克服异议做准备。

另一个常见的错误是 Zinc-It 试图说服哈桑获得 FDA 批准的真实概率更接近 10% 而非 60%。想象一下，如果 Zinc-It 能够神奇地影响哈桑的思维——也许类似于斯波克先生的瓦肯星思维转移，它会希望哈桑相信获批概率有多大？

100%！如果哈桑认为获得 FDA 批准是确定无疑的事情，那么哈桑会将额外收益视为现款。Zinc-It 可以向哈桑支付额外收益，并以 10 美分的成本获得 1 美元的价值。

我不是提议 Zinc-It 去向哈桑撒谎，并假装获批的真实概率是 100%，但是说服哈桑相信获批概率低于 60% 是没有任何意义的。实际上，采用哈桑的概率符合 Zinc-It 的利益。后者可以说：

> 我们认为这是一个很好的机会，并准备给您 7140 万美元的额外收益。按照 60% 的获批概率来计算，这对您来说价值 4290 万美元，比 Zums 给您的报价高 2290 万美元。

那哈桑说服 Zinc-It 相信获批的概率是多少？答案是 0。成功概率越大，Zinc-It 为哈桑提供他想要的大笔额外收益的成本就越高。

想想甜菜和西蓝花。请记住，爱平喜欢甜菜，而柏霖喜欢西蓝花。柏霖对爱平说：

> 这西蓝花太棒了，它不是普通的西蓝花，更像巧克力酱。它不会卡在你的牙缝里，味道很好，不太黏，是用大蒜和橄榄油完美烹制的。你必须尝试一下！

如果爱平尝了之后发现真的很好，会怎么样？爱平会因此不愿意放弃西蓝花。这让柏霖更难得到所有的西蓝花。柏霖不必假装西蓝花味道不好，但对它大加赞美并不符合他的利益。

同样，Zinc-It 认为获得 FDA 批准的概率很低时，说明哈桑更有利可图，而哈桑认为获批概率很高时，则对 Zinc-It 更有利。但也需留心，如果 Zinc-It 认为成功的概率如此之低，以至它没有兴趣收购该业务或进行投资，那么也就没有交易可做。从哈桑的角度来看，理想的情况是 Zinc-It 对业务的乐观程度足以让它有兴趣进行投资，但又没有乐观到认为需要在成功后以高额成本向哈桑支付大笔额外收益。

人们错误地认为，要达成协议，双方必须以相同的方式看待世界。事实上，以同样的方式看待世界会更难达成协议。在某种程度上，如果爱平和柏霖对甜菜和西蓝花的感觉差不多，那就很难进行分割。同样，如果哈桑和 Zinc-It 对获得 FDA 批准的概率的判断相似，那么要达成一致将更加困难，因为所有金额都是零和博弈。

最好的情况就是双方坚持原来认为的概率。在这种情况下，7140 万美元的额外收益似乎是可以平分的最大蛋糕。但这是不对的。

如果我们获得 1 亿美元的额外收益，那么蛋糕就会一直扩大到 6000 万美元。问题变成如何平分。如果 Zinc-It 向哈桑支付 2000 万美元的预付款以及 1 亿美元的额外收益，那么如果该药物未获批准，Zinc-It 的收益为 0 美元，如果获得批准，收益依然是 0 美元。也就是说，不管怎样，Zinc-It 的收益都是 0 美元。这意味着哈桑得到了全部 6000 万美元的蛋糕。

平分蛋糕意味着哈桑必须将 3000 万美元的蛋糕分给 Zinc-It。明智的做法不是减少额外收益（哈桑比 Zinc-It 更重视额外收益），而是减少预付款。要分走 3000 万美元，也就是预付款必须减少 3000 万美元。

稍等一下。如果我们从 2000 万美元的预付款 +1 亿美元的额外收益起步，然后将预付款金额减少 3000 万美元，这意味着合同金额是：–1000 万美元预付款 +1 亿美元额外收益。哈桑得反过来向 Zinc-It 支付 1000 万美元以获得这笔交易。

我意识到这份合同有两个问题。首先，哈桑可能没有 1000 万美元的空闲资金。其次，这份合同将所有风险都放在了哈桑身上。这会坐实哈桑对风险漠不关心的名声。

这些批评都算公平，但也要有大局观。哈桑应该争取尽可能多的额外收益和尽可能少的预付款。如果他有资金，比如来自他上次成功发明的收益，他甚至可能会选择给 Zinc-It 支付预付款。

险中求胜

我预计你们中的一些人会难以想象哈桑或其他任何人竟然可

能为了通过 FDA 审批而付钱给 Zinc-It，因为觉得这种想法很愚蠢。谁会做这么疯狂的事，冒这么大的风险？

究竟谁会这么做呢？这让我想到了我的第一份图书出版合同。当时，我是普林斯顿大学的一名年轻的助理教授，与阿维纳什·迪克西特教授共事。（迪克西特教授是我在麻省理工学院读本科时的经济学教授之一。）迪克西特教授和我当时正在教授本科博弈论课程，这是一门很受欢迎的课程。我们决定写一本关于这个主题的通俗读物，就是后来的《策略思维》。

我们将手稿拿给诺顿出版社当时的经济学编辑、后来的总裁兼董事长德雷克·麦克菲利过目。德雷克对出版这本书颇感兴趣，不过他的兴趣并没有高到愿意给我们预付款，但提供了标准的 15% 版税率合同。

我当时非常乐观，认为这本书很有可能实现从教科书到通俗读物的跨越。我问德雷克，诺顿能否将版税率提高到 30%。德雷克解释，从审稿、排版、印刷、广告和样书到间接费用（办公室租金和他的工资），这些前期成本很高。如果给我们 30% 的版税率，他预计难以收回这些成本。

我问德雷克是否估算过大概费用是多少。幸好德雷克给这本书做了预算，成本加起来约为 7 万美元。基于这个预算，我才能更进一步提出，如果迪克西特教授和我打算承担前期费用，诺顿会不会将版税率提高到 30%？

你可以认为这很像哈桑的预付款为负数的合同。与传统的预付款不同，我们会向出版商支付前期费用。就像哈桑支付预付款是为了获得更高的额外收益一样，我们的目的是获得更高的版税率。

德雷克想了想，这对诺顿没有任何风险。如果这本书成功了，他们只是少赚一些，但为了消除风险放弃一些利益是值得的。迪克西特教授之前出版过一些技术类图书，而我没有出版过任何书。谁知道博弈论是否能为大众所接受？所以，德雷克同意了我的提议。

关键问题来了。我对这本书的成功概率非常乐观，甚至可能过于乐观。而更明智、更有经验的迪克西特教授则运用博弈论来处理这个问题：出版商应该比我们更了解这本书的成功概率，如果他们愿意按照这个条件成交，我们就不应该接受。因此，迪克西特教授决定维持原来的条件，我也如法炮制。

结果，《策略思维》在美国的销量超过25万册，其他17种语种的销量也基本相同。它是以色列畅销书的第一名——博弈论似乎翻车了。如果我们按照30%的版税率交易，我们可以多赚超过100万美元！

我没有哈桑需要投入的1000万美元，但我本可以凑齐这7万美元的一半。当迪克西特教授拒绝时，我仍然可以购买额外15%版税中我的那一半。诺顿将支付22.5%的版税。迪克西特教授和我会平分前15%，然后我会用我的3.5万美元得到剩下的7.5%。而如果我能拿出7万美元，我本可以买下全部额外15%的版税。

人们常说从错误中学到的东西比从成功中学到的更多。这是一个宝贵的教训。

虽然我错失了机会，但也有人贯彻了这个想法。迈克尔·刘易斯是《说谎者的扑克牌》《大空头》《思维的发现》等畅销书的作者，自1999年以来他与诺顿出版社一起出版了他写的所有16本书。为什么选择诺顿？它是目前为数不多的独立出版社之一，它有德雷克·麦克菲利和斯塔林·劳伦斯等传奇编辑。刘易斯赌了一把：他没有要任何预付款，并与诺顿以50∶50的比例平分利润。[①] 这就是我所说的富贵险中求。

---

① 利润分成的做法提高了激励，从而创造了更大的蛋糕。由于版税完全取决于利润，作者有额外的动力来写一本好书。因此，除了消除支付大笔预付款并以失败告终的风险，失败的次数将更少。作者的抱怨也更少了。当作者的版税是收入的一部分时，作者只想将收入最大化，而出版商关心的是利润。因此，每个作者都认为出版商没有花足够的钱来宣传他们的书——当然也确实如此。

第18章
说出对方的立场

在耶鲁大学，我和戴利恩·凯恩一起教授核心谈判课程。戴利恩的兴趣爱好与众不同。他是商业道德方面的专家，也是一名专业的扑克玩家，这种人才可不多见。

在介绍他对谈判的某个见解之前，请允许我先分享他的研究中的一个经验教训。戴利恩最著名的是其在利益冲突方面的研究。你可能会认为，当出现利益冲突时，相关人士——比如，可以通过让患者参加医学试验获得报酬的医生，或既代表买方又代表卖方的房地产经纪人——要开诚布公地披露利益冲突。但是，戴利恩及其合著者发现，披露利益冲突会让问题变得更糟。[27] 将利益冲突和盘托出后，当事人会因为没有负担而以更自利的方式行事。更糟糕的是，因为预计自己的建议会大打折扣，他会夸大建议。如果冲突披露方的另一方对他们所接收的信息持保留态度，那么问题不大。但现实情况是接收片面信息的一方几乎会照单全收，部分原因是他们觉得自己有义务帮助提出建议者，因为提出建议者向他们坦承了自己不完全是为他们的利益行事，反而赢得了他们的信任。

戴利恩在向高管们教授谈判课程时，让他们思考该如何与一个不想离开游泳池的小孩谈判。父母说时间到了，要回家了，结果孩子开始哭了。孩子哭有两个原因。首先，孩子不想离开游泳池。其次，常常被忽略的一点是，孩子没有足够的词汇或语言技能来表达自己的想法。孩子很沮丧。孩子在想：如果我能说清楚游泳池有多好，我就可以说服我的父母让我再待 10 分钟。但结果却是：哇哇大哭。

戴利恩的解决方案是让父母说出孩子想说的话。

我知道待在游泳池里感觉很棒。你可以翻跟斗，可以享受失重的感觉。我也想一直在水里待着，但我们总得吃饭呀。你可能现在不饿，但到家的时候你就会觉得饿了，而且你不是唯一一个要回家吃饭的人。这就是为什么现在我们要走了。

这是一个重要的经验。我们不可能总是心想事成，但我们总是可以理解彼此。对儿童有效的方法也适用于成人。

人们常常争论不休，谈判不止，因为他们认为，只要对方更懂我的立场，我就能得偿所愿。接受并陈述对方的观点，是在向对方表明，即使事情未能朝着他们期待的方向发展，你也明白他们的想法。事实上，你选择了不同的结果并不是因为你不明白他们的想法，而是因为你认为其他因素更重要。

如果你认为 A 是正确答案，但预计对方支持 B，请先为 B 找一个好理由，比任何支持 B 的人都更振振有词地为 B 说好话。然后，就在对方准备好让你接受 B 时，你解释为什么 A 确实是更好的选择。

这样一来，支持 B 的人就无话可说了。他们所有想说的话都已经被你说完了，没必要再讲一遍。况且，他们没有实现 B 的原因并不是你不了解他们的想法，而是还有其他更有说服力的理由。

当你呈现对方的论点时，请务必确认你说的是对的。目标是站在对方的角度思考，并表明你了解他们的立场。没有比从他人的角度阐明论点更好的方法了。但你可能没说对，或者遗漏了一些东西。停下来检查一下。你提出了论点，并不意味着你就认同这个论点，你只是想从对方的角度来表达论点。

克里斯·沃斯在《强势谈判》中提出了类似的观点。他的目标之一是让对方说"没错"。当他们说"没错"时，就意味着你已经证明你理解他们的立场。

让我们用这种方法来看一个案例。在 Zinc-It 案例中，谈判开始时有 5 个方案，概括在下表中。

方案	预付款	额外收益	预期收益	蛋糕
A	2500 万	0	500 万 +500 万	1000 万
B	2000 万	1500 万	900 万 + 850 万	1750 万
C	2000 万	1000 万	600 万 + 900 万	1500 万
D	1700 万	1500 万	600 万 + 1150 万	1750 万
E	1200 万	2000 万	400 万 +1600 万	2000 万

Zinc-It 更喜欢 E 方案。E 方案不仅创造了 2000 万美元的最大蛋糕，还能为 Zinc-It 带来 1600 万美元的最大收益。

如果我是哈桑，我会首先提出支持和反对 E 方案的理由，然后转向 B 方案。我会强调一下 B 方案的缺点，然后说明为什么它仍然是最佳选择。

我当然明白你为什么想要 E 方案。它对你来说利润最高，蛋糕也最大。但即使站在你的立场上，我也很难为 E 方案找到正当理由，因为蛋糕分得很不均匀。我无法为获得 80% 的蛋糕找到理直气壮的理由。

我也理解你为什么不喜欢 B 方案。在所有可行的方案中，B 方案给你的回报最低。（我们不会选择 A 方案，因为我们都更喜欢 B 方案。）事实上，我也对 B 方案有意见。这是不公平的。蛋糕是 1750 万美元，而我得到了一半以上。应该是我们两方各得 875 万美元，但结果却是我得到 900 万美元，而你只得到 850 万美元。我没有任何可辩解的，我希望有办法弥补你。

但这不是支持 D 方案的理由。D 方案与 B 方案的蛋糕大小相同，但 D 方案分得更不均匀。我认为 D 方案放大了 B 方案的所有问题。

当你做出这样一番解释后，对方几乎无法反驳。哈桑没有为他的第一选择大肆辩解，反而列举了这个方案的种种缺点。这有两个效果。

首先，让喜欢 D 方案的人不战而退。他们没有任何立场来指摘 B 方案。更重要的是，这向对方表明了你理解他们的顾虑。虽然 B 方案存在问题，但这些问题并不能证明选择 D 方案就是合理的，因为 D 方案也有同样的问题且更严重。

其次，我们天生倾向于捍卫自己的立场并贬低他人的论点，我们越是这样做，对方就越认为我们不理解他们的立场并加以反驳。通过承认对方有理有据的观点，我们就避免了此类争论。

有些人会担心，如果你同意对方有些观点是有道理的，那么最后你将不得不接受对方想要的结果。但事实并非如此。不过你必须提出令人信服的理由，证明你想要的结果更有意义。如果没有充分的理由，你将会是失败的一方。

一个人敢于暴露自己的弱点，反而说明他很强大。这么做确实让人犯怵。尽管我知道这个办法更好，但实施起来也并不总是成功。在本书中，我有意识地尝试遵循这种方法。我给出的例子可能会让你觉得分蛋糕法给出的解决方案让你不舒服。Ionity 和存单这两个案例就是很好的例子。我这样做是因为我理解那些拒绝分蛋糕的人提出的论点。我之所以向你展示这些论点（以及我有说服力的反驳意见），是因为我相信，当你看过两方的观点之后，你会赞成分蛋糕法。实际上，这就是我在第三部分中讨论所有"是的，但是……"问题时希望达到的目的。

第19章
如何让对方接受你的解决方案

如果你遵循本书给出的建议，你将不得不说服别人以不同的方式行事。到目前为止，我们一直专注于逻辑论证。下面我们来讨论一些让你更有说服力的心理因素。

贯穿始终的同一主旨是不以自我为中心。不以自我为中心指的是更多地从他人角度考虑问题。很多时候，人们关注为什么某事对自己有利，而很少关注为什么对另一方有利。我在招聘中也发现了这个问题。学生准备了很长的演讲来说明他们为什么想为 X 公司工作，相反，我请他们谈谈为什么 X 公司要雇用他们。

如何让别人倾听你的报价

打破僵局和做大蛋糕的一个好办法是，研究出一个对各方都更有利的方案。但仅仅提出创造性解决方案可能还是不够的，你必须让对方接受新的方案。如果你不够周到，即使新的方案符合对方的利益，他们也可能不接受。当你提出新的想法时，请从他们爱听的部分开始谈起。在他们听你说的时候把重点放在蛋糕上。

我将使用 Zinc-It 案例来说明这个观点。为了创造更大的蛋糕，理想的合同要有非常高的额外收益和少量的预付款。在下面的谈判记录中，Zinc-It 一方试图推销这个想法，但失败了。

> **Zinc-It**：我们不会付给你任何预付款……

> **哈桑**：抱歉。我觉得这挺侮辱人的，因为我们……

> **Zinc-It**：……以及 7140 万美元的额外收益。

> **哈桑**：目前我们就是要突破这个数字，我认为你没有倾听我们的声音或认可我们。

> **Zinc-It**：我们只是提出这个金额。

> **哈桑**：绝对不行。

Zinc-It 一提出没有预付款，哈桑就一个字都没听进去。具有讽刺意味的是，哈桑随后说"你没有倾听我们的声音"，其实哈桑才是那个不倾听的人。

这不足为奇。提议中"无预付款"这一部分对哈桑没有吸引力，而无预付款是 Zinc-It 青睐这个提议的原因。

Zinc-It 的错误在于以自己的偏好来进行引导，而不是从卖方的偏好出发。低预付款意味着可以有暴涨的额外收益。当买方意识到这一点时，局面已经僵了。相反，不妨试想下面的对话。

> **Zinc-It：** 我们想付给你一笔巨额额外收益。
>
> **哈桑：** 真的吗? 有多高?
>
> **Zinc-It：** 7140 万美元。
>
> **哈桑：** 好吧，你吸引到我了。
>
> **Zinc-It：** 7140 万美元的额外收益可能创造了最大的蛋糕，并进行平分。当然，为了让我们支付这么高的额外收益并平分蛋糕，必须要有较低的预付款。
>
> **哈桑：** 有多低?
>
> **Zinc-It：** 嗯，实际上没有预付款。

这样更好。Zinc-It 以一大笔额外收益吸引了哈桑，但 Zinc-It 最终可能仍会因为没有预付款这一坏消息而失去与哈桑的合作。让我们再看一下第三次谈判是否有吸引力。

> **Zinc-It：** 我们想付给你一笔巨额额外收益。
>
> **哈桑：** 真的吗? 有多高?

Zinc-It： 7140 万美元。

哈桑： 好吧，你吸引到我了。

Zinc-It： 7140 万美元的额外收益创造了最大的蛋糕（计算结果显示蛋糕为 4600 万美元）。如果我们给你 7140 万美元的额外收益，那么价值是：60%×7140 万美元 ≈ 4300 万美元，比 Zums 给你的报价高 2300 万美元。这对你来说是很有吸引力的。

哈桑： 你得到了什么？

Zinc-It： 蛋糕是 4600 万美元。你得到 2300 万美元，我们也得到 2300 万美元，我们完美地平分了蛋糕。

有一个古老的笑话，说的是有个农夫有一匹会说话的马。他向朋友炫耀这匹马。朋友问马：1+1 等于多少？马只发出嘶叫声。朋友再问：法国的首都是哪里？马再次只发出嘶叫声。几次尝试失败之后，农夫拿起一块小木板抽了马几下。马说：你为什么要这么做？这匹马真的会说话！农夫的朋友非常惊讶。农夫解释：它当然可以说话，但你必须先引起它的注意。

我向你保证，在这个笑话里，没有任何动物受到伤害。虽然这个笑话平平无奇，但最后一句点睛之笔给了我们很好的提示：你必须引起对方的注意。你可以说哪些话来打破谈判双方间的天然障碍并促使对方倾听你的建议？这是如何给出你的提议的方法。

就像求职者需要阐述公司为什么要雇用他们一样，你也需要解释为什么结果对对方有利。在提出双赢解决方案时，要专注于第二个"赢"，即对方的胜利。

撰写对方的胜利演说

这是由《谈判力》的合著者威廉·尤里提出的一个想法。如果你希望对方接受交易，请考虑他们将如何说服他们的支持者和他们自己，解释一下为什么他们最终会对协议感到满意。

尤里曾向哥伦比亚政府提供有关与哥伦比亚革命武装力量进行和平谈判的建议。他要求政府团队真正站在对方的角度来考虑问题，一开始就试想结果会怎样。

试想我们已经达成了协议。试想哥伦比亚革命武装力量领导人……不得不介绍这个协议——就像他们上周刚刚做的那样，向他们的人发表讲话——他们将这个协议描述为他们取得的一种胜利。这并不是说该协议不能成为政府取得的胜利，但协议必须是他们可以向其部队兜售的：看，我们已经战斗了 52 年，我们正在放下武器。然而这并不说明一切努力都是徒劳的。因此，我们从那次演讲开始倒推。我们甚至模拟了演讲。我请总统的兄弟像游击队队长那样向我们发表演讲。然后我们说，好的，我们怎样才能让他们更容易地发表演讲？他们主要关注的利益是什么？他们主要有哪些需求？[28]

一旦你知道了可能的最终结果，你就可以倒推，以找出达成目标的路径。

获得授权或请求豁免

尝试新事物面临的挑战包括：你并不总是知道你是否被允许以这种方式进行尝试。如果你是大老板，你可以允许自己这样做。对其他人来说，我们可能不确定是否有权限。

如果你能联系到决策者，你就能找到答案。但这可能并不总是切实可行。在这种情况下，人们通常认为他们必须在获得授权和请求豁免之间进行抉择。

获得授权意味着，除非你获得授权，否则不采取行动。

请求豁免意味着，允许你未经授权采取行动，并希望你做出了正确的决定。

多赢谈判

有一个更好的选择，就是基于未定条件的协议。你和你的谈判伙伴都同意 X 优于 A、B 或 C，但你不确定你是否有权选 X。例如，你真的能够支付 7100 万美元的额外收益吗？保险起见，你们双方同意：

> 如果我们能得到许可，我们会采用 X 方案。否则，我们同意 B 方案。

从来没有人因为提出基于未定条件的计划而被解雇。你不必担心相关激励，你知道，如果得到许可，X 方案更好，因此你有充分的理由去推动。如果得到权威人士的批准，你可以继续推动 X 方案。否则，你仍然有 B 方案保底。

好过说"不"

有时你会发现做不成交易，或者至少做不成在你权限之内的交易。在这些情形下，你可以拒绝，但更好的策略是给出一个附带条件的同意回复。

简单起见，假设你被授权支付的最高金额为 1000 美元。卖方已经告诉你，他们不会以低于 1150 美元的价格出售。你认为这件物品可能确实值那么多。

就像我们有创新方案和标准方案一样，现在创新方案是超出你权限的交易，而标准方案是"不交易"。

老板，我试图以 900 美元的价格购买第一版，但是行不通。卖方看起来态度很坚决，要价至少 1150 美元。她给我的估价为 1200 美元，这似乎是第一版的现行价格。我提出了 1000 美元的上限，但她没有接受。于是，我放弃了。

与其放弃，不妨试试下面的方式。

卖方愿意以 1150 美元的价格出售。我没有答应她。但她已经签了一份合同，承诺在接下来的 48 小时内以这个价格出售给我们。如果你接受这个价格，我们可以达成交易。我也可以继续谈判，给出 1000~1150 美元的报价。

如果你是老板，这个结果总比不交易要好得多。你可以拒绝 1150 美元的要价，但如果这个价格有吸引力，那就成了。

老板愿意支付 1150 美元，但没有授权谈判代理人以这个价格成交，这似乎很奇怪。给予谈判代理人有限的授权是很常见的。其中一个原因是，谈判代理人可以坦诚地说 1000 美元是他们能出的最高价。如果谈判限额低于他们的真实上限，老板就不能坦诚说出同样的话。出于这个原因，卖方更愿意与设定限额而不是必须遵守限额的人谈判。

我们反过来看，作为卖方，你为什么会给买方免费选择权？你已向对方承诺以固定价格出售，他们没有为该买卖选择权支付任何费用。同时，如果其他人给出更好的价格，这么做就限制了你的灵活性。

事实上，买方已经给你留有余地，他们同意把你的情况反馈给他们的老板。从买方的角度考虑，最坏的结果是什么？

最坏的结果就是，你告诉老板：

我无法以 1000 美元的价格成交。我设法让卖方将价格降到了 1150 美元。可以授权我把报价提高到这个金额吗？

老板给了你授权。你再去联系卖方后发现新的价格是 1300 美元，这是噩梦般的场景。如果你准备回去申请提高预算，那么你想确保自己会成功。

作为获得选择权的回报，买方让卖方得以越级获得和决策者洽谈的能力。这不是金钱回报，而是表明对你付出的时间和专注。

作为卖方，你更愿意与真正的决策者打交道，即不受任何人为预算限制的人。但是与你谈判的人是决策者安排的，目的是让你与决策者分开。如果你想越过他们与决策者接触，你可能必须给他们一些好处。给予买卖选择权是你获得接触机会的成本。

这个问题在我和塞思向可口可乐出售诚实茶时出现过。可口可乐向我们提供了一个选项，即他们在3年后基于预先设定的价格公式收购公司。他们虽然表示打算在3年期满后收购公司，但不能保证会行使该选择权。我们坚持要求给予出售选择权，也就是要求他们收购公司的权利。

为了赋予我们出售选择权，可口可乐谈判组需要得到董事会的批准。他们最不希望看到的情况是，去找了董事会，结果却发现我们对交易并非真的很感兴趣或提高了要价。如果我们希望他们找董事会批准，我们必须承诺会按照商定的条款进行交易。我们要求给予出售选择权，这超出了他们的权限。他们希望我们承诺，如果他们给予我们看跌期权，交易就达成了。我们同意了。他们赋予了我们出售选择权，我们则给了他们购买选择权，于是交易达成。

我们也可以反向分析这个案例。我们一直在说，如果你是买方并且无法在你权限之内完成交易，请寻找其他方案，而不是扭头就走。但如果你是卖方，你看到买方走开了，而你不想降价，你可以随他去。若非如此，我们建议你给对方提供一个选项，而不是让他们空手而归。

很抱歉，我们无法以 1000 美元的价格达成协议。我们建议，与其回去告诉你的老板没达成交易，不如告诉你的老板，我们准备给予你们一个 48 小时的选择权。如果价格达到 1150 美元，那么这笔交易就是你们的了。我们准备把这些内容记录下来。

"好的，如果"，而不是"不可以，除非"

给予选择权是求职谈判中非常有效的工具。假设给你的薪水是 63000 美元，你想尝试把这个金额提高到 68000 美元。有些人会说"如果给不到 68000 美元，我不会接受"，这就是"不可以，除非"的方式。我建议你试试"好的，如果"。你可以说：

如果你能给到 68000 美元，我准备现在就答应你。

如前所述，这给了买方——在本案例中是劳动力购买方——雇用你的权利。

不以自我为中心，而是从雇主的角度出发考虑问题。他们想知道的是，你的目的是什么。他们知道你与他们进行谈判可能出于两个目的：一是你想与他们达成协议并为他们工作；二是你想利用他们来获得更好的最佳替代方案，以便你可以与首选雇主达成更好的交易。他们试图搞清楚你属于哪种情况。

我们回过头看第 15 章。雇主担心他们被当成棋子。与波士顿大学奎斯特罗姆商学院不同的是，在决定是否给到 68000 美元之前，这里的雇主可能没有能力或远见让你提前做出承诺。此时你可以率先做出承诺。这就是"好的，如果"方式。

一旦你这样做，他们就会为你额外争取。谈判过程既费时又费钱，他们宁愿与你达成交易，也不愿重新开始与其他人谈判，并付出相应的成本。此外，他们正在与你谈判这一事实表明你目前是他们的首选。

还是从他们的立场考虑问题。为某人破例，结果却被那个人拒绝，这个代价是高昂的。人力部门能要求提供特殊待遇的次数也就那么几次。如果他们愿意为新员工支付多少工资的消息传出去，一些现任员工可能会觉得自己也应该加薪。某家公司可能愿意支付这些成本，但前提是这家公司确信自己会争取到一些条件作为回报，即雇用你。你回复"好的，如果"，这是他们需要的定心丸。

当你回复"如果你不……，我不会接受"时，即使他们确实满足了你的条件，接下来发生什么也未可知。你可能还是不接受。雇主心中的疑虑会让他们不那么积极为你继续推进谈判，特别是他们之前上过此类当的时候。如果你没有说"好的，如果"，他们也可能会从中推断出一些信息。一旦你说"好的，如果"，他们就知道要达成交易必须采取什么措施。

当然，说"好的，如果"是有代价的。如果他们满足了你提出的条件，你应该回复"好的"。如果可以这样表态而不付出任何代价，那这种表态就不会传达出同样的信息。如果你不确定在他们满足你提出的要求后是否可以同意，你就不应该给出要约。相比回到"不可以，除非"，你应该进一步思考如何才能让你回复"好的，如果"。他们可以提供哪些能让你接受的条件？提出这些条件。或者，如果你的主要目的是改善你的最佳替代方案，那么你就该明白，那些你没说出口的话可能会让对方明白你的真正动机。

第五部分

谈判手段

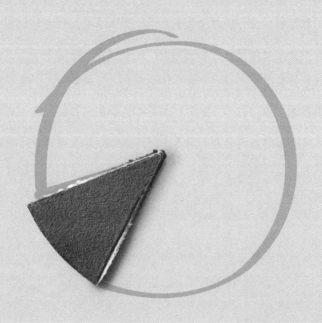

可惜，你的谈判对手未必看过本书。这对你来说很遗憾，因为你的麻烦会更多。（我也很遗憾，因为少卖了几本书。）不过你也不用把自己买的书送给对方，只要在谈判一开始向对方说明你将如何进行谈判就行。

典型的谈判方式对谈判双方都不利，这颇有讽刺意味。这就好比车主喝多了，你来代驾，你试图开上一条更平稳、更安全的路，而对方却坚持走老路。

我想帮你把分蛋糕法推销出去。首先，你应该提前想到对方可能不会对分蛋糕法有任何期望。你不仅要介绍这个理念，还要预估对方会怎么反对，这样才能先发制人，讨价还价。这也是贯穿本书的主线。回答"是的，但是"这样的问题时，我一直在努力设想人们会怎么反对，以及如何反驳他们。要根据自己的具体情况来设想可能遇到的回绝。另外，你应该在谈判中详细说明蛋糕是什么。

我不赞成临阵磨枪。本书第 20 章论述了如何准备谈判，强调了从对方角度出发的积极作用。对方会如何看待蛋糕，对你的论点有什么反应？你越能理解和表达出对方的看法，就越能让对方接受你的观点。

在第 21 章中，我会告诉你，谈判时哪些该说，哪些不该说。我不建议在谈判桌上亮出所有底牌，但也不能守口如瓶。谈判双方需要共享信息才能创造出蛋糕。共享信息就是有问有答。通常来讲，人们要么遮遮掩掩，要么编造善意的谎言，从而避开对方提出的问题。我将告诉你如何既能回答问题又不使自己处于下风。

我还会教你如何在更传统的谈判中创造并分得蛋糕，你不得不进行传统的谈判时能用得上。第22章的大部分内容都是基于谈判现场记录，谈判双方并没有采用分蛋糕法。我介绍了这类场景中用来分得更多蛋糕的工具，以及如何在谈判过程中不破坏蛋糕。你将会看到，有很多雷区。你会说错话，或是说不到点子上。更多时候，你还得和那些给你找麻烦的人打交道。我给出了一些能保证谈判有效开展的建议。

我会在第22章中指导你开场时如何报价，何时以其人之道还治其人之身，如何与浑蛋谈判，以及怎样不让自己变成浑蛋（这也很重要）。我还解释了锚定效应和精确出价的作用，以及将这些策略用得太过火的风险。我们被教导了互惠的价值观，但是互惠是柄双刃剑。如果对方倔强执拗，我们往往会以牙还牙。你也不希望看到事态恶化，因此不要以火攻火，而是要以水灭火。你在谈判桌上应强调分蛋糕的理念，让对方接受它。

第20章
谈判准备阶段要做的事

普鲁士和德意志军队总参谋长赫尔穆斯·卡尔·毛奇（1800—1891）有句名言：没有任何作战计划能在与敌军主力首次交战后不加改变地执行。而著名拳手迈克·泰森将这句名言浓缩为"每个人都有一个计划，直到被一拳击倒"。[29] 这不是说不应该有自己的计划，恰恰相反，你需要制订的是一系列灵活的计划。

一些准备方法是不言自明的。你应该提前算好数据以避免谈判时手忙脚乱。以 Zinc-It 为例，提前在电子表格中列出自己和对方能得到的好处。只知道自己能得到哪些好处是远远不够的，还要知道（至少估算一下）对方能得到的好处。分蛋糕首先要计算好蛋糕的大小。电子表格要显示出整个蛋糕以及分割比例：谈判各方的所得比自身的最佳替代方案好多少。电子表格应该有一定的弹性空间，可以随时接受新的报价。

你需要未雨绸缪，尤其是要想好如果无法达成协议将会怎样。

也就是说，需要了解自己和对方的最佳替代方案。这往往需要进行调研（例如明确 ICANN 争议解决程序或者房东寻找新租户的法律义务）以及寻找别的谈判伙伴（例如 Zums）。如果不清楚最佳替代方案，那就是还没准备好分蛋糕。

如果对方不接受你的提议甚至突破你的底线，你需要提前想好对方可能会有什么提议。谈判的起点是哪种启发诱导方式最能赢得对方的好感。你会怎样以这种方式反驳对方分割收益的提议？你需要做好充分准备，以便指出其他解决方案存在的缺陷。

我们再回头看一下 12 片比萨的例子。艾丽斯的最佳替代方案是 4 片，而鲍勃的最佳替代方案是 2 片。鲍勃应该能料到艾丽斯会要求按照 8∶4 的比例来分配。这样鲍勃也应该想好如何解释艾丽斯的按比例分配方法讲不通，特别是当一方的最佳替代方案是 0 的时候。而艾丽斯应该料到鲍勃会要求按 6∶6 平分，并且准备好解释，如果任何一方的最佳替代方案是 7 片或更多，鲍勃的提议是无效的。如此一来，鲍勃的提议就不是通行方案。

快速测验

鲍勃提议以 6∶6 对半分。理由如下：分到一半总比没达成协议时分到 4 片好很多。因为这优于你的最佳替代方案，所以你的最佳替代方案已经不重要了。如果你是艾丽斯，要如何回应呢？

我会这样回应：你在忽悠我，想让我忽略整个蛋糕的大小。我不会根据你我分到多少来评判一项交易。我的评判标准是比最佳替代方案好多少。是的，我能多分到 2 片，可是你能多分到 4 片。这不公平。我们重点谈谈那 6 片吧，那才是蛋糕。

一个特别有效的手段是：阐述当分配数字不同时，对方的提议会损害自己的利益——在共享存单的案例中，安朱向巴拉特指出按比例分配的问题所在时就是这么做的。或者当数字很极端时，对方的提议就不适用了，例如可口可乐和诚实茶按 2000∶1 的比例来分配节省的金额。到目前为止，本书已经深入探讨了如何针对分蛋糕的异议进行反驳。我认为，未雨绸缪才能临危不乱。

准备工作不只是规划如何说服对方接受分蛋糕理念，你还要思考如何把蛋糕做大。你会问什么问题，你会主动提供什么信息，怎样才能让对方接受你开出的条件？

谈判的演示环节要灵活多变。确保自己清楚对方的异议，而不仅仅是你事先设想的异议。确保你搞清楚了这一点。要克服对方的异议，就得自己提出这些异议。这证明了你理解他们的想法，再让他们听取你的辩解意见。最后演示一下对方的胜利演说。

虽然已经是老生常谈了，但是我不止一次地看到人们谈判时惊慌失措，被打得措手不及。他们开门见山地开出条件和给出最终目标，却没有拟订一套回应对方异议的应急方案。现在你万事俱备，只需未雨绸缪。

给学生讲解 Zinc-It 的案例时，我让他们通过扮演案例中的角色进行演练，并且给所有人一样的指示。每隔一段时间，就会有学生厌倦某个角色，于是另外一名学生就得扮演和原先不同的角色，而且这名学生通常表现非常好。

事后想想，原因很简单。之前扮演买家角色的那名学生，在扮演卖家时，早已知晓了买家的观点，他能站在买家的角度提出论点，再对其进行反击。最好的谈判准备方法是设想自己要维护对方的利益。你甚至可以在开始思考自己的角色之前先设身处地为对方着想。

站在别人的立场上看事物，这对我们很难。赫布·科恩说过的一句话解释得很清楚：你我看到的事物并不是它们本来的样子，只是你我内心的反射。要做到不以自我为中心，需要你不仅站在自己的角度，还能够站在对方的角度看待事物，这样你才能够看得全面。

被狗咬伤

我通过下面的案例来说明如何提前规划。重点不是蛋糕，而是谈判。这些金额看上去不大，但是对给我写电子邮件的学生来说却是巨款。

我丈夫被邻居的狗咬了。事实上，那不是邻居的狗。那个邻居是帮人遛狗的，但是没拴绳就让狗跑出来了。我们住在一栋多户合住的房子里。结果狗跑到我们家，与我们的狗撕咬。我丈夫试图保护我家的狗，结果也被咬伤了。邻居向我们出示了狂犬疫苗接种证明，但证明是德语的，我不懂德语。

我丈夫去看了急诊并打了抗生素。我们带着狗去看了兽医，也打了抗生素。通过进一步了解狂犬病，我发现这种疾病可能致命！而接种疫苗的窗口时间很短。于是，作为预防措施，我们又回到医院，他们给我丈夫打了狂犬疫苗。

到目前为止，一切还算顺利，直到医院开出了 32000 美元的账单！！幸亏我们买过保险，免赔额是 2000 美元。加上看兽医的费用，我们自己花费的现金总共约 2500 美元（外加时间损失、精神创伤等）。今晚我们将与狗主人第一次沟通赔偿事宜。

你会如何准备这次谈判？让我们先看看哪里可能会出问题。

可能狗主人没有法律责任，这对你可能是致命一击。可能我的学生没有遵循就医指南。如果有必要，她本该防患于未然。可能狗已经打了狂犬疫苗，这是你信以为然的，但你要对此进行确认。

也就是说准备工作有三项任务：（1）研究法律；（2）拿到狂犬疫苗接种证明的复印件；（3）明确就医指南。一旦收集到相关证据，你会更清楚自己的诉求以及对方将如何回应。

以下是找到的相关证据。

相关法律：美国各州对狗咬伤有不同的规定。有些州规定，若狗是第一次咬人，则狗主人无须承担任何责任。在狗咬人之前，狗主人并不知道这条狗很危险。康涅狄格州禁止狗咬人，即使狗是第一次咬人，狗主人也要承担法律责任。[30]

狗的狂犬疫苗接种证明：经调查发现，除了德语单词，表格上还有"狂犬病"这个词。

美国疾病控制与预防中心发布的指南："狂犬病是一种医疗紧急情况，但不是重大紧急情况。不应拖延……根据暴露类型、接触的动物类型以及是否可以对动物进行检测，启动狂犬病暴露后预防治疗（包括一剂人狂犬病免疫球蛋白和一剂狂犬疫苗）。"[31]北达科他州卫生部门汇总了一张有用的流程图。根据就医指南，建议对狗隔离观察10天，如果狗出现狂犬病迹象（或死亡），则被咬伤者继续进行狂犬病暴露后预防治疗。

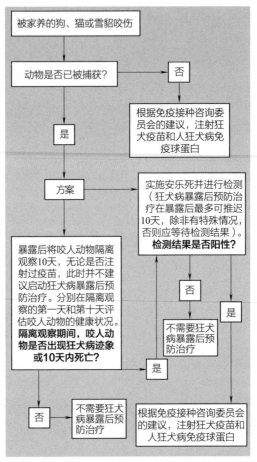

North Dakota Dept. of Health flowchart, https://www.health.nd.gov/diseases
-conditions/rabies/rabies-faqs

现在我们有了法律、疫苗接种证明和就医指南。好消息是狗主人要承担责任。如果没有达成协议，双方的最佳替代方案是对簿公堂，狗主人将会输掉官司。

狗主人会如何辩解呢？狗主人可能会说我的学生惊慌失措，

让情况变得更糟。狗主人会表示狗已经打了疫苗并提供了疫苗接种证明。我的学生当时看了证明，如果再花一分钟时间看看，就会看到"狂犬病"这个词。即使她不知道这条狗打了疫苗，就医指南也建议在接受狂犬病暴露后预防治疗之前，先对狗隔离观察10天。

这些都是正当合理的，你要想好如何回应。

虽然我有错，但根本问题是你的狗。不应该让狗跑进我们的房间，也不应该咬我丈夫和我们的狗。我知道有就医指南，但我们不想冒险：狂犬病是致命的。

狗主人肯定不乐意听到要赔偿3000美元，但可以从有利于对方的角度去阐述。即使狗主人只承担50%的责任，本来也有可能是一笔更大的数字呢。

你很幸运，我们买过保险，否则我们会要求你承担32000美元的全部费用。现在我们只要求你支付2500美元的自付费用外加500美元的疼痛和痛苦补偿，共计3000美元。

以上是我的主要观点。为了充分做好准备，我会请一位朋友来扮演狗主人进行演练。我不会随便请一位朋友，这位朋友必须养狗，这样的表演才会更有说服力。我会让这位朋友尽全力去辩解。我不需要为只会说"是"的人做准备。我要想好，如果当面被狗主人反驳，我要怎么做。我这位学生准备得很充分，谁承想结局出人意料。狗主人的保险承担了我学生的全部费用。

你可以通过模拟试验，即模拟谈判，来预测对方的反应。找朋友和同事帮忙的好处在于，对于你知道的内容，他们不用假装不知道，而你可以知己知彼。对方只会基于他们所知道的内容来评估你的提议。很多时候，我们关注的是自己会如何回应，而不是那些没有掌握我们所知的所有信息的人会如何回应。

下面讲的是乔治·珀金斯和莫菲特照相馆的故事。这个案例显示转换立场思考时，你的视野会变得多么清晰。如果你能做到，这就会成为你的谈判超能力：你知道要开出什么条件会达成不可能达成的交易。

莫菲特照相馆

这是历史上一次著名的谈判，事关使用有版权保护的照片。商学院教授喜欢拿这次谈判作为案例。我的大部分同事认为这次谈判是一次成功谈判的典范。我觉得他们只说对了一半。历史学家约翰·加拉蒂对此有详细描述。[32]

那是 1912 年深秋，泰迪·罗斯福退出共和党，以进步党（"公麋党"）候选人身份竞选美国总统。他与民主党候选人新泽西州州长伍德罗·威尔逊以及共和党候选人威廉·霍华德·塔夫脱角逐总统大选。另外还有社会党候选人尤金·德布斯，他赢得了 6% 的选票！

进步党最强大的竞选武器是罗斯福精心准备的名为《我的信仰》（Confessions of Faith）的演讲稿。竞选团队希望将其制作成册，在加州分发，那时候加州还在摇摆不定。竞选团队印刷了 300 万份演讲稿，封面印有罗斯福和他的竞选伙伴海勒姆·约翰逊的照片。

竞选团队公关人员 O. K. 戴维斯在例行检查时发现了问题，照片有版权，归莫菲特照相馆所有，而竞选团队事前并没有获得该照片的使用权。按当时的《版权法》规定，未经允许翻印照片，每翻印一张将面临 1 美元的罚款。这下娄子捅大了。[①] 这意味着竞选团队当年要缴纳 300 万美元的版权费，相当于现在的 8000 万美元！公关人员将这个情况上报给了进步党执行秘书乔治·珀金斯，并征求他的意见。竞选团队要付多少钱？

在这种情况下，你会怎么做？你需要把演讲稿打印成册。如

---

① 具有讽刺意味的是，1909 年《版权法》明确规定了罚款金额，而该法案正是由罗斯福于 1909 年 3 月 4 日签署批准的，也就是他在任的最后一天。

今通过数字技术可以轻而易举地替换照片，可是当年已经来不及更换封面照片了。当时的情况看上去很棘手，事实上的确非常棘手。这件事让整个团队抓狂，他们需要你马上给出解决方案。

很难从对方的角度考虑。

珀金斯是一个老练的商人，他是摩根大通的合伙人，还是美国钢铁公司董事。事发后，珀金斯立即给莫菲特照相馆发了如下电报：

我们计划印 300 万份演讲稿，封面印有罗斯福和约翰逊先生的照片。如果你们的照片被刊登在上面，这将是一个绝佳的宣传机会。你们愿意付给我们多少钱作为宣传费？请速回电。

如果你是莫菲特照相馆，在不知道竞选团队底细的前提下，会怎么回复？

莫菲特照相馆回复：

虽然我们从未尝试过此类广告投放，但考虑到这是总统竞选，我们愿意支付 250 美元。

据戴维斯回忆，收到照相馆回复仅 10 分钟后，便开始印刷宣传册。

大家添油加醋，这个故事出现许多版本。有的说宣传册已经印刷成册[33]，有的说莫菲特有财务困难，还有的说莫菲特是伍德罗·威尔逊的支持者。

迪帕克·马尔霍特拉和马克斯·巴泽曼在《哈佛经典谈判术》一书的开篇就讲了这个案例。得出的结论是珀金斯是一位谈判天才，但是我觉得他们只说对了一半。

充分准备才让他成了谈判天才。谈判准备要从站在对方的角度开始。大多数人遇到珀金斯这种情况只能感到绝望，而不会去想照相馆看到自己的照片被竞选团队看中能给自己带来的价值。珀金斯能从对方的角度来设定谈判目标，他的确是一个天才。

我与这两位作者的分歧在于珀金斯遗漏关键信息的做法。根据他们的描述，竞选团队已经印刷了宣传册，因此他们必须使用照片。珀金斯却巧妙地在电报中闭口不提，这样可以蒙混过关。

假设莫菲特照相馆这样回复：

明日电复。

如果是这样，珀金斯可能会被迫吐露实情。此时莫菲特照相馆会有什么想法？

如果我是莫菲特照相馆，我会觉得被骗了，对方故意遗漏事实。[34] 我开价的时候肯定不会心慈手软。撇开道德因素不谈，我认为这是一种不必要的危险策略。如果露馅了，可能根本没得谈，或者导致对方漫天要价。

《学会谈判》（*You Can Negotiate Anything*）一书的作者赫布·科恩曾来我的班上与学生交流，学生有机会跟他讨教应该如何处理这种情况。赫布建议：不如坦承你犯了错误，并向他们寻求帮助。这不是说你可以接受漫天要价，即使要价不高，莫菲特照相馆也占有优势。向照相馆说明情况并请求允许使用照片，你仍然需要指出，使用这张照片将会对照相馆有好处。因为双方都能获利，蛋糕很大。你将来可能会欠莫菲特一个大人情。从林肯开始，莫菲特一直是美国总统御用摄影师，如果罗斯福能够当选，莫菲特将能继续为总统拍照。

一旦透露了真实情况，你不太可能说服莫菲特为你掏腰包。但是，我希望你仍然可以以合理的价格获得该照片的使用权。

人们容易得意忘形，认为珀金斯本来要支付给照相馆 300 万美元，结果到头来照相馆自己却掏了 250 美元。这太离奇了。其实竞选团队完全可以以低于 500 美元的价格买到许可。当年的 500 美元如今约值 13000 美元。（从这个角度看，盖帝图像公司收取的大部分商用图片使用费都低于 1000 美元。）因此，我们谈论的更有可能是 750 美元的差额，要么让竞选团队给照相馆 500 美元，要么让照相馆给竞选团队 250 美元。当然，拿到 250 美元

多赢谈判

总要好过花 500 美元，但为此赌上一切就代价太大了。

对此有人自然会问，一个买茶杯的人对跳蚤市场上卖茶杯的人只字不提茶杯对自己的重要价值，这跟上面提到的情形有什么不同。为什么遗漏这个信息无可厚非，而隐瞒演讲稿已经印刷成册却不被允许？

这个问题让我好几晚没睡好。

首先，乍一看，我觉得莫菲特受到了对方的误导和摆布。为了让这个问题更接近我们的生活，设想你 11 岁的女儿在你工作的时候给你打电话，问你是否可以让她的朋友在家过夜。你同意了。结果你发现你女儿的朋友早在你接电话之前就已经在家里了。你问你女儿如果你不允许会怎样。你女儿没有任何悔意，解释说朋友的父母会来接她的朋友。她说，这又怎么了，既然你都同意了，你管我朋友什么时候过来呢。可能所有 11 岁的小孩都是结果论者吧。

我对这件事的看法完全不同。我会觉得自己被误导了。在安排过夜之前征询我的意见，或者甚至我女儿告诉我她朋友已经来过夜了，我很可能也都会同意。但如果是既成事实，我却被蒙在鼓里，我才不会同意。

如果我知道那个朋友已经在我家了，而且她的父母还要过来接她，我会更乐意批准的，我承认这有点怪。如果做出的决定都一样，我为什么还这么在意？除了有被骗的感觉，我可能想通过谈判更公平地分蛋糕。如果我女儿说了实话，这就暴露了她很看重这件事。为了能让我点头同意，她会同意多做些家务或数学作业。她故意隐瞒事实，最终分得了更多蛋糕。

我认为，如果珀金斯被抓个正着，莫菲特照相馆也会有同感。无论宣传手册是否已经印好，无论珀金斯是否有其他方案，莫菲特照相馆都愿意花 250 美元在照片上印上自己的名字。花小钱办大事，值。但某个东西对你来说有价值，并不意味着你会同意这笔交易。

如果鲍勃的最佳替代方案是 2 片比萨，而他得知艾丽斯会分给他 3 片时，他很可能会接受。但如果他发现艾丽斯分到了 9 片，他的反应就不是这样了，他会坚持平分蛋糕。

我们知道，即使演讲稿还没印出来，莫菲特照相馆也愿意收取合理的使用费，甚至还会倒贴钱让竞选团队使用照片。虽然不一定倒贴钱，但我敢打赌，即使莫菲特照相馆被告知竞选团队误印了照片，索要照片使用费也会是合理的。可是莫菲特并不想在毫不知情的情况下允许竞选团队使用照片，而竞选团队并不想告诉莫菲特实情。抛开谈判中可能赚到的钱不谈，人们关心的是面子。

竞选团队问莫菲特要钱时，他们进一步加重了误解。为什么莫菲特照相馆心甘情愿地掏腰包？这么做是因为它假设竞选团队还有其他备用照片，其竞争对手将会得到宣传机会。电报加深了莫菲特照相馆的误解。这是一种欺瞒行为，即使是间接性的。倘若竞选团队只是要求照相馆正常报价，并积极通过公关要求给予优惠，他们就会趁机利用照相馆的误解，但不会加深误解。

如果你不打算告诉照相馆宣传册已经印出来了，那么以下提议似乎不太可能适得其反：

> 我们计划印发300万份演讲稿，封面印有罗斯福和约翰逊的照片，这将给你们照相馆带来巨大的宣传效果。我们不想在价格谈判上浪费时间，除了能帮你们宣传，我们愿意支付少量费用，100美元是否可以？

这种措辞不像珀金斯的那样孤注一掷。如果莫菲特报价200美元，我会说竞选团队赢了。如果莫菲特发现宣传册已经印好了，我想它会觉得吃了个小亏。

当买家向跳蚤市场的卖家询问价格并同意出20美元买下茶杯时，卖家并不会觉得被骗了。即使买家认为茶杯价值非常高，也不会让卖家产生任何误解，而且卖家在交易中获得了正常甚至高于平均水平的利润。但是，如果茶杯对买家来说真的值300美元，这根本算不上平分蛋糕。

总之：首先，谈判准备不能以自我为中心。从了解对方的立场开始。对方对你知道的东西毫不知情，所以当你站在他们的立场时，你必须放弃一部分自己的认知。其次，如果出现僵局，不要留下错误的印象。珀金斯看起来大获全胜，但我担心他聪明反被聪明误。他冒着付出巨大代价的风险换来了一场小小的胜利（和一个精彩的故事）。

你不可能永远不说谎。如果纳粹问你阁楼上是否藏着犹太人，你当然不能承认。如果珀金斯认为宣传册决定选举的命运，并担心莫菲特是威尔逊的支持者，那么隐瞒团队的困境是合情合理的。但是，隐瞒团队的困境和说服莫菲特为此掏腰包是两码事。

优化你的谈判协议最佳替代方案

我们还需要准备的工作是弄清楚自己真正的最佳替代方案。如果谈判破裂，大多数人都有自己的"替代方案"，但往往不够重视最佳替代方案中的"最佳"部分。想象一下，你有幸获得了苹果和微软的工作机会。苹果开出的薪资是 12 万美元。微软是首选，苹果是后备。你的最佳替代方案是 12 万美元薪资吗？

答案是否定的，有两点原因。首先是你的最佳替代方案不仅仅是考虑薪水，还须包括生活方式、工作地点、同事、导师以及工作附带内容的价值。大多数人都明白这一点。替代方案最好描述为"在苹果工作,工作地为库比蒂诺,薪水为 12 万美元"。

其次,他们不知道的是,12 万美元可能不是你能从苹果那里得到的最好薪资。如果你对招聘官说你非常想加入他们,前提是薪资能提高到 13 万美元,你认为他们会同意吗?[①] 这样的话,最佳替代方案就不是 12 万美元薪资,而是 13 万美元。如果你认为苹果有 50% 的机会同意,你的最佳替代方案可能就是 12.5 万美元薪资。我的观点是,你的最佳替代方案可能要好于目前提供给你的方案。

当然,这并不意味着你应该在一开始就跟第二选择谈判。这很耗时,并且如果你不准备接受这份工作,就很难谈得充分。你应该做的是,估计一下如果你准备接受这份工作,第二选择可能会如何提高他们的报价,然后将预估值纳入你的最佳替代方案。

---

① 让你接受工作这个理由,就足以让他们给你加薪。如果有其他加薪理由,比如雷德蒙德的税率比库比蒂诺的低,或者其他竞争对手提供的薪水更高,我也会用的。

第21章
哪些可以透露，哪些应该隐瞒

人们需要共享信息才能创造出蛋糕。共享意味着双方都做到有问有答。谈判者常常隐瞒信息，或者认为对方可以读懂他们的想法。下面是我已婚的朋友亚当和芭芭拉之间的对话。

亚当：我真的希望不必告诉你，你就知道我想要什么。这种心有灵犀的感觉对我意义非凡。

芭芭拉：沟通很困难。即使你说了你想要什么，我也很有可能误解。如果你说了，你可能会得到你想要的。但如果你什么都不说，机会几乎为零。

人们常常害怕透露他们想要什么，他们担心对方会在谈判中利用这些信息来对付他们。真的是这样吗？

想象一下，你打算把汽车卖了还你欠黑帮分子的钱。黑帮分子下午 5 点前会来讨债，如果你拿不出你欠的 10000 美元，他会打断你的腿。

一个有意向的购车者中午过来问你为什么要卖车。你会解释你的困境吗？一开始你可能会认为透露你的绝望会让你处于弱势地位。如果你告诉他你需要 10000 美元，买家就会知道不用付给你太多钱，至少不必超过 10000 美元。另一方面，他也会知道他不应该浪费时间。如果他想达成很划算的交易，就必须马上拿出钱来。如果隐瞒信息，你可能卖到更多的钱……这样你可以用多出来的钱支付给断腿打石膏的费用。

在这个明显极端甚至夸张的例子中，卖家既看重价格又看重交易速度。在理想情况下，卖家会很快卖出高价。但如果交易速度真的是头等大事，那么告知对方这一点将有助于确保交易快速完成。

话虽如此，你也无须透露与交易无关的信息。例如，你正在出售 30 年前用 10 万美元购买的房子，因此税基较低，但这与房子今天的估值无关。你能大赚一笔，但这并不会改变房子今天的价值，而且与买方的估值无关。如果买方问起，你可以透露原始购买价格，或者礼貌地拒绝并解释这似乎与卖房无关。即使到了这里，我也没有发现分享信息有任何真正的危害，尽管也同样未见任何潜在的好处。

总的来说，我站透露信息这一边。原因是，如果你隐瞒信息或误导对方，对方就很难甚至不可能给你想要的东西。回到加油站谈判（第16章）的例子，买方通常会问卖方出售的原因。卖方通常会以善意的谎言回答，例如"我打算退休了"。这个答案的问题在于它不会引导买家提供一个工作机会。你为什么要给刚刚宣布退休计划的人提供工作机会呢？

他们有什么理由不透露出售的真正原因吗？想想看，买方知道出售是有理由的，从买方的角度来看，既有好的理由，也有不好的理由。一个不好的理由是地下储油罐泄漏，加油站即将成为污染场址，或者客户去往加油站的公路出口匝道即将关闭。[35] 一个很好的理由是老板有一个环球航行的毕生梦想。这个理由很充分，说明加油站没有任何问题。人们会下意识地隐瞒信息，甚至不愿披露对他们有利的信息。

当你决定透露信息时，请关注两个因素：对方会对你的信息有什么反应？它将如何改变蛋糕？

截止日期

隐瞒最后期限的情况可以很好地测试你的想法。阿利基亚和布蕾妮丝之间的谈判的最后期限是周五下午5点。如果届时没有签署协议，他们就会失去这个机会，最终徒劳无功。双方都清楚这一期限。

实际上，阿利基亚有一个更早的期限，即周三下午 5 点。布蕾妮丝对此毫不知情。阿利基亚应该告诉布蕾妮丝吗？

我的学生们在这个问题上意见不一。选择不透露的人担心布蕾妮丝会利用阿利基亚的时间压力来获得对自己更有利的交易。真的是这样吗？

布蕾妮丝的最后期限是什么时候？现在也是周三下午 5 点——只是她自己不知道。阿利基亚和布蕾妮丝的最后期限完全相同。我们可以回到之前对蛋糕的讨论。如果没有布蕾妮丝，阿利基亚无法创造蛋糕；同样，如果没有阿利基亚，布蕾妮丝也无法创造蛋糕。他们对蛋糕的创造同等重要。出于同样的原因，他们应该平分蛋糕，并分享关于最后期限的信息。

如果阿利基亚不与布蕾妮丝分享他更早的最后期限，他会感受到时间的压力，而她不会。相比之下，如果他分享这个消息，双方都会感受到时间的压力。我建议阿利基亚这样说："布蕾妮丝，我有个坏消息要和你分享。我需要在周三下午 5 点之前结束谈判，而不是周五下午 5 点。也就是说，如果届时我们不能达成协议，我们都将失去这个机会。所以，这也是你的新最后期限，让我们抓紧时间吧。"

我的建议有实验证据的支持。弗朗西斯卡·吉诺和唐·穆尔教授发现，隐瞒最后期限提前会使陷入僵局的概率增加一半以上，即从 23% 增加到 37%。[36] 在达成交易者之中，在透露最后期限的情况下，最后期限较早的一方平均获得了一半的蛋糕，但在隐瞒最后期限的情况下，他们只获得了 43% 的份额。这不是凭直觉就行的，还是应以双方对等性来看待问题。事实上，当事前询问最后期限较早的参与者透露是否有用时，近 60% 的人认为这样做会使他们处于弱势地位。他们错了。

谈判协议最佳替代方案

如果谈判专家能够就一件事情达成一致意见，那就是你应该隐瞒较弱的最佳替代方案。根据哈佛大学谈判项目，这是谈判界的"101 条军规"：

> 不要透露较弱的最佳替代方案。[37]

不过我并不喜欢随大溜，所以请允许我在此提供另一种观点。

场景是这样的，你打算出售你的公司，目前收到的最高报价是 40 万美元。而你认为你的公司至少值 50 万美元，所以上面的报价就像一个较弱的最佳替代方案。一位新的潜在买家似乎对你的公司很感兴趣，询问你是否还收到了其他报价。几个可能的答复如下：

· 不关你的事；

· 40 万美元以上；

· 40 万美元。

虽然"不关你的事"是一种粗鲁的说法，但人们可以使用双方对等的角度来传达相同的信息："我觉得你不愿告诉我你愿意支付的最高金额，所以出于同样的原因，我不愿告诉你我愿意接受的最低金额。"这可谓标准措辞。

但如果你之前收到的报价是 50 万美元，你还会说"不关你的事"或其他更礼貌的说法吗？即使你的最佳替代方案很弱，你也有理由透露，因为如果你不这样做，对方可能会推断你的最佳替代方案更差。

如果你收到了很高的报价，比如 50 万美元，你会想要分享这个信息。因此，如果你不分享，买家将推断你收到的其他报价最多在 45 万美元以内。这种逻辑会像滚雪球般迅速发展。如果你有 45 万美元的报价，你现在会想要透露这个信息。如果你没有这样做，买家会相信你的其他报价，即使只有一个，最多也就是 40 万美元。此时透露 40 万美元的报价变得有利起来，因为可以表明至少自己收到了报价。你可以尝试隐瞒较弱的最佳替代方案，但不愿意分享恰恰充分说明了它不够好。

透露最佳替代方案的另一个原因是避免浪费时间。我的朋友向爱德华透露了自己的最佳替代方案是花 1300 美元进入 ICANN 程序后，他立即把要价从最初的 2500 美元降到了 1100 美元。在出售公司时，如果新的潜在买家出价 27.5 万美元，你可以透露有一个以 4 开头的竞争性出价来快速确定此人是不是认真的。潜在买家会意识到，如果出价是 45 万美元或更高，你会说"接近 50 万美元"。因此，他们能够推断出报价接近 40 万美元。而如果他们给的报价不能超过 40 万美元，那么继续对话就没有意义了。

当你共享信息时，请一步步进行并寻求互惠。告诉买家报价是以 4 开头的美元数字，而不是告知确切的数字。你可以要求查看他们的电子表格或模型，来验证他们的数字。当你愿意分蛋糕并且对方没有隐藏蛋糕真实大小的空间时，你的态度可以更加开放。

透露所有信息并不像听起来的那么糟。即使你透露当前最高出价仅为 40 万美元，也不意味着你会接受 40.1 万美元。

我收到的报价是 40 万美元，但我拒绝了。这个价格太低了。所以如果你想买这家公司，你必须提高报价。

虽然你透露了另一个报价为 40 万美元，但你没有透露你的最佳替代方案。你的最佳替代方案可能是继续维持现状、不卖公司。我承认这会部分隐藏你的最佳替代方案，所以我还没有完全证明我的观点。

如果 40 万美元的售价就是你的最佳替代方案，那怎么办？如果你认为买家愿意支付 48 万美元，那么即使你的最佳替代方案被透露，你也可以坚持要到 44 万美元或一半的蛋糕。你没有理由接受 40.1 万美元，买家也没有理由支付 47.9 万美元。让我们回到爱德华和域名的案例，我朋友告诉爱德华自己的最佳替代方案是 1300 美元，但我朋友付给爱德华的钱不会超过 650 美元。

透露一个较弱的最佳替代方案并不妨碍你分到一半蛋糕，隐瞒它可能会导致对方推断你的最佳替代方案更弱。

拥有较弱的最佳替代方案意味着什么？这个问题令不少人困惑。在与爱德华的谈判中，我朋友的最佳替代方案是不是比较弱？他的最佳替代方案是 0 美元，而我朋友是支付 1300 美元。我朋友的最佳替代方案比他的差，但这个比较并没有意义。

我朋友的猜想可不是空穴来风。在考虑到你没有透露自己的最佳替代方案之后，对方会更相信你的最佳替代方案较糟。因为如果对方以为的最佳替代方案要优于你的实际最佳替代方案，你就不会想通过透露你的最佳替代方案来纠正他们的误解。而如果他们以为你的最佳替代方案比实际的更糟，你则确实会想纠正他们。

当然，他们可能不会如实相告他们对你的最佳替代方案的看法。在这种情况下，你的决定是基于你以为的他们的看法（同样，在考虑了你没有向他们透露之后）。如果你以为对方眼中你的最佳替代方案比实际的更好，你就不会想通过透露实际的最佳替代方案来纠正他们。如果你以为在对方眼中你的最佳替代方案比实际的更糟，你确实就会想纠正他们。

最佳替代方案较弱的意义是，你认为对方高估了你的最佳替代方案。这种弱并不是来自最佳替代方案的绝对低值，而是因为你真正的最佳替代方案比你认为的他们眼中的更糟。如果是这样的话，保持，沉默（mum's the word）①。

---

① 为什么我们说"mum's the word"是保持沉默的意思？它是嘴唇紧闭时发出的"嗯嗯"声。这种表达可以追溯到中古英语。正如莎士比亚在《亨利六世》第二部分中所写，"闭上嘴巴，除了"妈妈"（mum），什么也别说"。

第22章
正确的开场动作

中国有句名言：千里之行，始于足下。确实。谈判开始时也很容易走错。本章我们就来看看我是否可以帮你避免谈判误入歧途。

在本章中，我们研究了一系列谈判案例的节选。在过去的15年里，我拍摄了数百次谈判，这些节选来自这些视频的文稿。因为谈判涉及真实的人，我不能展示真实的视频。为了解决这个问题，我聘请了演员再现这些场景。演员们观看了原视频，然后将文稿作为他们的剧本。本书的配套网站 SplitThePieBook.com 上有这些视频链接。这些演员是耶鲁大学戏剧学院的学生。日后当他们赢得奥斯卡金像奖时，你就可以说你首先在这里看到了他们的处女秀。

这些节选案例侧重于开场动作，无论是第一次出价、撒谎、红脸或白脸套路，还是最后通牒。其中有一些动作可谓重大失败。

一个要点是，传统的谈判方法存在严重缺陷。如果一开始你们就同意以不同的基本规则来分蛋糕，那就不必为谈判担心了。我知道这样的机会并不多见。至于在这些案例情形中该做什么或主要不该做什么，以及当其他人没有按我的建议行事时该如何应对，请见下文。

锚定（以及如何不被自己的锚拖累）

在试图获得更多份额的蛋糕时，一些人认为以极端报价开启谈判是明智之举。如果对方要 100 美元，而你准备支付 70 美元，则出价 20 美元。

这个想法是用你的数字锚定另一方。当他们听到 20 美元时，他们对你支付意愿的预期会降低。他们不会以 80 美元反价，而是会以 60 美元的折中价格与你谈判。

这种方法有两个潜在的问题。

（1）20 美元或其他更低的报价可能会导致对方直接扭头走开，或决定不与你进行谈判。

（2）如果市场价格在 80 美元到 100 美元之间，你将不得不做出很大的让步，才能达到合适的价格范围。例如，从

20 美元升到 50 美元后，卖方会认为你的报价仍然有很大上升空间。他们会期待你再让一大步。

下面举一个极端锚定致使谈判破裂的例子，发生在 2017 年 1 月 26 日。特朗普总统原定在白宫会见墨西哥总统恩里克·培尼亚·涅托。议程涉及有关边境墙的争议。特朗普总统在上午 8 点 55 分的推文中先发制人，重申他坚持让墨西哥支付边境墙建设费用。

貌似特朗普总统正试图通过虚报低价来锚定谈判。这个举动适得其反，因为这被视为具有侮辱性——更糟糕的是，这是一种公开的侮辱。到 11 点 30 分，墨西哥外交部长收到指示，取消与时任美国国土安全部部长约翰·凯利的会晤。此后不久，涅托总统公开取消了与特朗普总统的会晤。[38] 最终，美国支付了全部 150 亿美元的建设成本。

有关锚定效应的学术文献是基于与谈判无关的实验。1974 年，阿莫斯·特沃斯基和丹尼尔·卡尼曼为世人带来了行为决策论——人类的思维怪癖如何导致可预测的理性偏离。该研究令卡尼曼荣获 2002 年诺贝尔经济学奖。（特沃斯基因癌症早逝，享年 59 岁，不然肯定会和卡尼曼共享这个奖项。）他们通过向受访者提出两个不同的问题来展示锚定效应。一半受访者被问及加入联合国的非洲国家数量是高于 10 还是低于 10，另一半受访者被问及这个数字是高于 65 还是低于 65。在他们给出第一个答案后，每个人都被要求估计实际数。那些被问及是高于 10 还是低于 10 的受访者给出的估计值是 25，那些被问及是高于 65 还是低于 65 的受访者认为是 45。虽然这两个估计值都低于实际数（54），但这明显表明，简单地考虑数字 10 或 65 会对预估产生很大影响。首先听到 65，而不是 10，这几乎让估计值翻了一番。

谈判中锚定会造成不同效果的原因在于，对方知道你在做什么且会因此受到冒犯。当被问及加入联合国的非洲国家数量是高于 10 还是低于 10 时，没有人感觉受到冒犯。但是，如果你的报价只是他们的汽车、房屋或企业价值的 10%，他们就会觉得受到冒犯。要么你不知道你在做什么，要么更有可能的是你在试图占他们便宜。

这并不意味着你完全不能采用这个策略，而是说你必须采用更加适度的方式。

无论你提出什么报价，你都应该始终能够给出理由。如果你出价 20 美元，而买家问："你是怎么得出这个数字的?"下面的回答就不会令人满意："我试图以低价锚定你。"选择一个合理的数字。例如，在房地产案例中，如果有一个 Zillow① 预估区间，你可以证明选择该区间的下限是合理的。

———————

① Zillow 是美国最大的房地产信息网站，提供免费的房地产估价服务。——译者注

我们再看一下锚定的第二个问题：它迫使你为了达成潜在交易而做出大幅让步。这样做之后，对方会认为后面还会有更多让步。但你有时并不能做出更多让步。正如我们将在以下文字记录中看到的，最终结果是没有交易。

买方： 我们来谈谈吧。

卖方： 建一个我这样的加油站大约需要 66 万美元。

买方： 嗯，我不得不承认，你的报价与我们所想的相去甚远……基于这个价格，我们完全可以建一个新的加油站。我的出价不会超过 30 万美元，我们可以在 30 万美元出头的基础上进行谈判。当然，你期望的价格是绝对不可能的。

（经过几轮讨价还价之后）

买方： 如果我们能以 37.5 万美元的价格达成协议……

卖方： 我不一定非要卖啊。

买方： 我个人认为真的不能超过 37.5 万美元，但我可能会稍稍提高一点……因为我们希望我们两方达成交易。今天，现在，如果你同意，我可以给你一张 47 万美元的支票，但高于 47 万美元就不行了。

卖方： 不。我可以同意这个价，但我有其他更好的选择。

买方： 我会转达给董事会。

买方从 30 万美元报价开始谈判。市场价格接近 47 万美元。他确实给到了，但迅速升至 37.5 万美元再到 47 万美元的过程给人的印象是，如果卖方坚持下去，将会出现更有吸引力的报价。后面不会有更高的报价，因为 47 万美元是买方的上限。价格大幅上抬（初始报价很低就肯定会这样）造成了买方还有加价空间的错觉，这反过来又使卖方不愿意接受买方真正的最佳报价。

你可能会问，买方是否应该放慢加价节奏？但这会产生另外一系列问题。如果买方给出的报价没有达到合理的范围，卖方会认为买方不够认真。

问题的根源在于初始报价低得不合理。从这个低起点开始就需要迈出大步子，这会产生另一个锚——你是一个愿意大幅让步的谈判者。

不得不多说一句，这种策略还有一个问题：低报价导致互不信任。如果有人开始给出 30 万美元的报价，最终以 47 万美元结束，这是明明白白地告诉你，他们在试图占你便宜。这给你敲响了警钟。你得时刻保持警惕，不要说任何不利于你的话。正如我们在文字记录中看到的，双方没有好好去寻找办法做大蛋糕，甚至根本就没这么做。

我不希望让你觉得锚定这种方法毫无用武之地。我只是希望你了解，一个粗暴的锚可能比没有锚更糟糕。温和一些，正如我们在此讨论的，一个轻锚也可以很有定力。

精确出价

　　我喜欢下图中这个路标：限速 24 比 25 更能引起我的注意。出于同样的原因，如果你想让你的出价更具吸引力，请精确一些。485 美元的要价比 500 美元好，因为如果你给出一个整数，对方会认为你只是在编造价格，并没有进行相关研究以确定物品的价值。他们会给出更低的价格。相反，如果你要价 485 美元，对方会推测你的要价是有一些依据的。

　　商学院教授马特·巴克斯和史蒂文·塔德利斯以及易贝研究员汤姆·布莱克合著的一篇精妙论文就记录了这样的结果。[39] 他们研究了在易贝上进行的数百万次谈判。如下图所示，他们将最终售价与初始要价进行了比较。例如，如果初始要价是 200 美元，那么当商品售出时，最终售价约为要价的 57%。这是 200 美元坐标上方的实心圆圈所代表的含义，你会注意到这些实心圆圈是有规律的。当要价是整数时，尤其是 100 美元的倍数时，售价与要价之比往往比要价更精确时低得多。

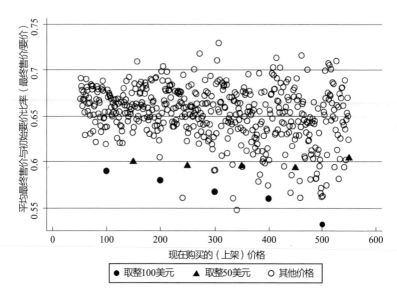

要价 515 美元的人最终会比要价 500 美元的人达成更高的价格，这不足为奇。但令人惊讶的是，要价 485 美元的人最终也会达成更高的价格。精确的数字更有吸引力。

当然，不要得意忘形地给出 485.12 美元的要价。如果对方问你这个数字是从哪里得出的，你回答说你在某本书中看到精确的数字更具吸引力，这样回答对你可没有帮助。你必须能够证明你提出的确切数字是合理的。

人们经常会将出价或要价四舍五入，这么做是搬起石头砸自己的脚。如果你想出价买一套公寓，公寓面积为 1145 平方英

尺 [1]，Zillow 上的价格是每平方英尺 900~1000 美元，那么出价是：900 × 1145 = 1030500 美元。如果你四舍五入出价 100 万美元，对方会认为你对这一要价的态度并不坚决。如果卖方询问如何得出 1030500 美元的价格，你可以解释这是用 Zillow 预估值的下限乘以公寓面积得出的。

对于谈判协议最佳替代方案，不要撒谎

为了分到更多的蛋糕，有些人夸大了他们的最佳替代方案。夸大指的是撒谎。让对方上调价格的最简单方法，就是让他们相信他们正在与其他人竞争。

在接下来的谈判中，卖方声称有人给出 50 万美元的报价。

> **卖方**：我们还有其他几个报价。
>
> **买方**：报价是怎样的？
>
> **卖方**：最好的报价是 50 万美元，所以得超过这个价。
>
> **买方**：哇，（笑）这个报价真不错。如果我是你，我会接受的。

---

① 1 平方英尺 ≈ 0.09 平方米。——编者注

买方不准备出高于 47 万美元的价格，如果卖方已经有 50 万美元的报价，那么继续谈判就没有什么意义了。

此时卖方可能会撒第二个谎，声称出于某种原因，他更倾向于与这个买方做交易，而不是出价 50 万美元的那方。这可能会导致人们进一步怀疑他是否诚实。

不要撒谎，这会一开始就让你陷入困境。

红脸 / 白脸

买方以友好的方式开启下一轮谈判。

买方： 我来开个头吧，我认为这笔交易会比预期更顺利。对你来说幸运的是，我有个同事本该来这里谈这笔交易，但他正在处理另一笔交易。他今天来不了了，他很强硬。（笑）我很随和，我不会虚开低价。

他说，你跟我谈判很幸运，我很随和，谈判全程都在欢声笑语下展开，但实则不然。

这是经典的红脸或白脸套路。他是在说，如果你不和我做这笔交易，你将面对另一个刻薄且强势的人。你最好和我做这笔交易！

现在的问题是：如果你是卖方，你会如何应对这种隐性威胁？

你可以忽视。这是危险的，因为如果你这样做，你就是在暗示你接受红脸或白脸威胁。这意味着你害怕面对他所说的另一个人，或者买家以为你会害怕。

你可以戳穿这个人，说你这是在和我唱红脸还是唱白脸呢。这总比什么都不说要好，尽管这可能会导致谈判伊始就把关系搞僵。

如果你不想直接戳穿这个人，又不想不了了之，你怎么回答？我们继续讨论文字记录。卖方对买方的策略进行了完美的回击。

买方：……我很随和，我不会虚开低价。

卖方：我想我们都很幸运。我老婆也不在，她也很强势。（笑）

买方：好的。行吧。我们直接开始吧？

戳穿这个人的套路，但要以幽默的方式。卖方的意思是，我明白你葫芦里卖的什么药，我可以耍同样的套路，让我们停止瞎扯，开始谈判吧。

我非常喜欢以其人之道还治其人之身。但这里有一个问题，有时候你要假装以牙还牙，而不是真的以牙还牙。这就是卖方的幽默所发挥的作用。这是说我也可以耍同样的套路，而不是说我真打算这样做。如果有人对你耍花招，我不希望你也同样对他们耍花招。我是希望你针锋相对，好让他们知道你看穿了他们的诡计。

如何灭火：用水灭火

当对方点火时，你自然的反应是以牙还牙，即以火攻火。但任何消防员都会告诉你，更好的办法是用水灭火。因为你想灭火。

接下来的谈判涉及三方，包括卖方、卖方的律师和买方。卖方有发出最后通牒的好办法。

> **卖方**：我爱你就像爱我的家人，但这是生意。我们谈过了，要么是 A，要么是 B，或者不做交易。我打算让你们继续讨论。我知道我们会得出一个可靠的结论。我把电话留在这里了，所以你们……嗯，你们不能给我打电话了。是 A 还是 B？对我们来说就是这样。谢谢。

（卖方离开房间，将手机放在桌子上。）

> **卖方的律师**：（笑）我想，他都说清楚了。我的客户告诉我，我们只能接受 A 或 B，仅此而已。

买方可以采用同样的套路：要么 D，要么 E，要么不做交易。但这是以牙还牙，不太可能达成交易。买方可以默许并接受他们的首选方案。我不喜欢这样，因为这是以德报怨。我希望买方让卖方的律师给出一些谈判空间，从根本上推翻客户给出的指示。

买方是这样消除最后通牒的。

> **买方**：A 或者 B？
>
> **卖方的律师**：是的，就是这样。
>
> **买方**：就是这样，没有别的了？
>
> **卖方的律师**：我们谈的就是这个。
>
> **买方**：嗯，我们看下，A 是 2500 万美元。
>
> **卖方的律师**：没错。
>
> **买方**：你们不会接受 2600 万美元？
>
> **卖方的律师**：你们现在的报价是 2600 万美元吗？
>
> **买方**：我不会出 2600 万美元。我只是问，你会接受 2600 万吗？
>
> **卖方的律师**：会的。

这真的很了不起。卖方似乎卡在 A 或 B 上，买方想出了一个聪明的方法来创造新的选择。买方说，嗯，你对 2500 万美元的价格很满意，那 2600 万美元怎么样？谁能拒绝呢？

这不是一个真正的报价，这是假设的报价。然而，这确定了卖方会考虑 A 或 B 以外的选项。

你提出一个简单且极好的建议来引起对方的注意，并证明他们的最后通牒或不通融态度并不是真的。然后，一旦你确定他们对其他想法持开放态度，那么可以谈的条件就多了。

关于买方如何灭火这一点，我还想指出其他问题。买方没有问：你今天会考虑 2000 万美元的价格加上 10% 的利润分成和未来 5 年 5% 的优先股股息吗？答案可能是否定的，即使报价远远优于 A。这个报价不能解决问题，因为太复杂了。我们大家都知道 2600 万美元优于 2500 万美元，无须为此再费心或仔细计算一番，这才是简单的报价。为了让某人放弃最后通牒，你需要给出简单的报价，以明显的优势打动他们。

如果律师不接受 2600 万美元的价格，那么你真的被困在 A 或 B 上了。如上所述，律师表示同意，那么你确定卖方愿意考虑 A 或 B 以外的选项。确定这一点后，现在是时候探索具有创造性且更复杂的选项了。在 Zinc-It 的案例中，对卖方来说，有比 2600 万美元的报价更具吸引力的交易，而对买方来说成本却没有那么高。例如，考虑在获得美国食品药品监督管理局批准的情况下支付 5000 万美元，否则就不支付。这对卖家来说价值 3000 万美元，但买家只需花费 500 万美元。

与浑蛋谈判

美国前财政部长、哈佛大学前校长拉里·萨默斯在一篇未发表的论文中写道："看看你周围，总有些白痴。"类似的话也成立："看看你周围，总有些浑蛋。"

不是每个人都读过本书，或者会选择基于原则进行谈判。为了帮助读者应对与浑蛋谈判的挑战，我提供的简单建议是：自己不要成为浑蛋。

不要成为让别人伤脑筋的人。我爱我的学生，他们聪明、有同理心、有原则，可一旦他们开始谈判，就像变了一个人。他们在谈判中仿佛被什么诡异事物附身，许多人变成了强势的谈判者。他们放弃了那些能使他们成功并做大蛋糕的技能，而恰恰成了他们自己不想与之谈判的人。

是的，浑蛋到处都有。当你发现自己面对这样的浑蛋时，你仍应解释蛋糕的存在并坚持获得一半，利用双方的对等性，与他们针锋相对。但更重要的是，不要同流合污，不要让自己也变成浑蛋。

如何措辞

你如何发现对方真正想要什么？最简单的方式就是直接去

问。在你们开始谈价格之前就问。一开始，你就可以问他们：对你们来说，这笔交易哪里让你们兴奋？哪里让你们犹豫？

另一种可尝试的方式是在谈价格的过程中抢占先机。

我知道你想要更多的钱，每个人都想要更多的钱。除了给你钱，我还能做什么让你的生活更美好？稍后我们将讨论钱，这将是一个争议点，但现在我可以做些什么，在不涉及钱的情况下使这笔交易对你更有利？

通过这番谈话，你可以挖掘一些利益点，帮助你用西蓝花换甜菜并创造更大的蛋糕。

有些人会认为："我真的不想一开始就把自己的底细和盘托出，因为如果我这样做，他们可能会给出更低的价格。"这有一定道理。如果你透露还有其他你关心的事情并且他们让你如愿以偿了，他们可能会少付一点钱。但另一方面，你们两方把蛋糕做大了，你会得到你真正关心的东西。双方最终都变得更好，交易更有可能发生。

当然，如果你先同意分蛋糕，谈话会更顺利。你仍然要问同样的问题（哪里让他们兴奋？哪里让他们犹豫？），因为这是你做大蛋糕的方式。而当他们来问你时，你也会如实回答。

第六部分

45 条建议

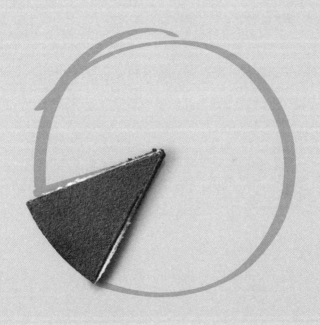

下面介绍本书提供的 45 条建议。希望你能学以致用，并尽情分享。

基本原则

这些是谈判中的筹码。

1. **首先要问。**如果你不问，你肯定不会收到答复。问了，谈判才有更大的把握。但如果你不打算谈判，那无所谓。

2. **不只要问，还要提出有原则的论点。**埃伦·兰格、阿瑟·布兰克和本齐翁·查诺维茨在 20 世纪 70 年代做了一个著名的实验。在实验中，有人请求插队复印。[40] 大多数人只知道实验的初步结果，即当请求者说"我可以用一下复印机吗？我现在必须复印？"，成功率有 90%，而只说"我可以用一下复印机吗？"，成功率只有 60%。人们得出的错误结论是，无论理由多站不住脚，只要有理由就行。但这类理由（"我必须复印"）仅在复印 5 份时有用。一旦这人想要复印 20 份，两种问法的成功率相同，都只有 24%。你如果想插队，就必须提供一个合理的理由，比如"我赶时间"。在谈判中，我建议不要仅仅因为"我想要更多的钱"就要求更多。蛋糕框架提供了合乎逻辑且原则性的论据，能说服他人。

3. 了解自己的最佳替代方案。最佳替代方案是你无法达成协议时要做的。如果不了解自己的最佳替代方案，就无法把握自己在谈判中的表现，甚至无法把握是否应该放弃。如果最佳替代方案未确定，也应进行预估。记住，最佳替代方案可能比你现有的第二选项更好，因为如果顺着这个思路走，可能可以抬高报价。

4. 最佳替代方案是你的底线。宁愿不做交易，也比迁就好。

5. 了解对方的最佳替代方案。单看自己的收益，你可能觉得自己已经收益颇丰。但如果不考虑对方相对于他的最佳替代方案得到了多少，你就不知道对方的收益有多高。

蛋糕

以下是本书分享的要点。

6. 计算蛋糕。在任何谈判中，都要有蛋糕视角。最关键的是什么？对双方来说，蛋糕是两者合作成功可以比合作不成功多获得多少。计算蛋糕需要三项数据：两者合作能实现什么、你的最佳替代方案、对方的最佳替代方案。

7. 认识到双方在谈判中的权力平等。由于双方都是交易不可或缺的，所以双方应拥有平等的权力。因此，也应平均分配蛋糕。

8. **认识到双方在谈判中的对等性。**原本看起来不同的双方在分蛋糕视角下变得对等。处于对等位置的双方应该受到平等对待。因此，也应平均分配蛋糕。

9. **运用对等原则。**一旦进入蛋糕框架，一切都是对等的。对方提出的任何论点都可以反转过来。如果他们提出他们占九成，你也可以用你占九成来反击。但是你只是假设这么做，而不是实际这么做。

10. **最佳替代方案弱，不意味着权力小。**如果没有成交，意味着双方均未胜过自己的最佳替代方案。正如你想要胜过最佳替代方案，对方也一样。较弱的最佳替代方案意味着蛋糕更大，因而谈判中的利害关系更大，这并不意味着你应该接受不到一半的蛋糕。

11. **分蛋糕是公平的结果。**所有公平概念都归结为平等对待。但平等对待什么呢？按比例分割是平等对待钱，而我希望平等对待人。蛋糕框架将帮助你弄清楚如何平等对待各方。

12. **当心按比例分割的陷阱。**我们很容易陷入按比例分割的陷阱，尤其是更大的参与方将此视为默认方式时。

13. **更在意并不意味着就要得到更少。**在意较少的一方应该更容易做出牺牲。双方都应该在他们认为的最大潜在收益中获得相同的份额。当估值明显连贯时，意味着双方各分得一半理想蛋糕。当估值不连贯时，双方都有可能获得超过一半的理想蛋糕。

14. **提前介绍这种新的谈判方式。** 人们太急于讨论数字和报价了，应从原则和基本规则开始。不要指望对方会熟悉这种方法。如果对方表现出抗拒，至少你可以提前知道对方是什么类型的人。

15. **即使对方不在乎公平，也不在乎蛋糕，你仍然可以分到一半。** 运用分蛋糕视角来解释谈判是真正关于什么的，可以不必使用分蛋糕相关的措辞（"我们谈判是为了节省1300美元的ICANN费用"）。需要解释为什么在做大蛋糕的过程中，双方都是同等重要的。对等意味着平均分配。用这个逻辑来解释为什么你坚持要求得到一半蛋糕。对方对此将无法提出原则性的反驳。因此，有原则、有逻辑的一方将胜过随意主张的一方。

16. **同意分蛋糕，以便让蛋糕更大。** 如果你能解决蛋糕分配问题，你会发现通过合作来做大蛋糕变得更容易。

17. **以蛋糕为标尺。** 人们很容易陷入比较报价和最佳替代方案的陷阱。报价明显超出你的最佳替代方案，所以你接受了。但是只有你真正看清自己获得的蛋糕份额之后，你才能知道这个报价到底怎样（或者可以有多好）。如果你打算接受小于一半的蛋糕，你应该当时就知晓这一点。而如果你要求得到大于一半的蛋糕，或已经得到，也是如此。

18. **让蛋糕引导你更进一步。** 你不会只想要小蛋糕的一半。你的目标是创造一个大蛋糕（你分到一半）。想想哪种类型的交易结构能让蛋糕最大。

做大蛋糕

19. 欲取先予。 如果对方得到了自己想要的，你也能得到你想要的。因此首先要知道他们想要什么（以及不想要什么）。在此分享我从戴利恩·凯恩那里学到的建议："与其花时间试图改变别人的想法，不如花时间弄清楚他们。"

20. 要有同理心（或至少要保持好奇）。 问问题。问他们的交易目标，弄清楚什么对他们是重要的。他们关心的是什么？除了给更多的钱，你还能帮些什么？

21. 有问有答。 如果你不回答他们的问题，他们也不会再回答你的。而且，如果你不分享信息，对方也无法弄清楚你想要什么并提供给你。人们太害怕别人会用他们所说的话来反击他们。但如果你不回答他们的问题，你的沉默可能致使对方进行推理，并基于推理来反击你。

22. 做出聪明的交易。 弄清楚哪些对你来说是重要的，哪些不重要。放弃对方觉得有价值但对自己而言价值不高的东西，得到对你具有价值但对对方价值不高的东西，以此来做大蛋糕。

23. 记住甜菜 vs 西蓝花的故事。 一笔好交易是让双方都得到自己想要的。不要害怕走极端。如果 A 喜欢甜菜多一点，而 B 喜欢西蓝花多一点，则 A 应该得到所有的甜菜，B 应该得到所有的西蓝花。

24. 将发挥创造性作为首要方法，而不是最后的方法。如果谈判拖得太久，双方都会失落，你可能会耗尽时间或心力。可以尝试在谈判开始时就做大蛋糕，因为那时双方较有合作意愿且时间压力较小。

25. 表明你理解对方的观点。最好的方法是站在对方的立场上提论点。不过注意你理解得是否正确。

26. 创建新选择。不要将自己局限于谈判桌上的选择。人们花太多时间讨论糟糕的替代方案。无法达成协议的一个原因是现有选项均有失公允（进而影响平均分配），也没有一个选项可以把蛋糕做到最大。着重设计新选项，使蛋糕最大化并保证平均分配。

27. 采用基于未定条件的交易（Ⅰ）。提出基于未定条件的交易的原因之一是你不确定蛋糕大小，但担心对方掌握更多信息。为确保不被利用，请根据蛋糕最终大小设置款项。这也适用于双方都不确定蛋糕大小并且不想冒险的情况。

让别人接受你的解决方案

28. 谈判解决方案应始终普遍适用。要让对方接受你的方案，有一个要点是揭示其他方法的缺陷。谈判解决方案不能是特别的，而应该是一个适用于各种情况的单一方案。不能在一种情况下支持按比例分配，条件不利时再反对按比例分配。分蛋糕就是符合一致性要求的方案，任何其他规则总有不一致的地方。在分比萨的例子中，我们看到平分 12 片是不符合一致性要求的，因为当一方的最佳替代方案是 7 片或更多时，这一规则就无法成立；当一方的最佳替代方案接近零时，按双方最佳替代方案的比例来分配也不成立。在安朱和巴拉特的谈判中，安朱表示，当 2 万美元和 2.5 万美元存单的利率相同时，按投资金额的比例分配利息（对巴拉特而言）不公平。

29. 推测对方可能提出的反对意见。如果对方说："太好了，我怎么没有想到！就这样分蛋糕吧。"在这种情况下，你不需要什么应对方案。但不太可能出现这种情况，所以要制订一个对方说"不"时的应对方案。如果你是对方，你会提出什么反对意见，会如何反驳？思考什么启发式方法对他们最有用，来推测他们的提议。制订相应方案，展示如果数字不同时，他们的方法会带来哪些弊端，或者当数字比较极端时，他们的方法如何失效。

30. 提出新想法时，请以对方想听的方式来陈述。不要以自我为中心。想想他们会喜欢新想法中的什么，而不是你喜欢什么。如果你计划提供比较高的额外收益加上比较低的预付款，请把话题引到高额额外收益而不是低额预付款上。这听上去理所当然，但人们总是倾向于先说他们自己最喜欢的部分，而那可能会让对方停止倾听。

31. 采用基于未定条件的交易（II）。如果你不确定自己是否有权尝试新选项，请提出两项交易：一项是常规交易，另一项是如果获得许可可让双方皆大欢喜的。

32. 多说"好的，如果"，而不是"不能，除非"。如果知道这样做能促成交易，他们更愿意给你你想要的东西。弄清楚你说"好的，如果"时需要付出什么。

注意事项

33. 不要太过贪心。我一开始就建议你提出诉求，但不要贪心。古语有云："人心不足蛇吞象。"如果你已经得到一半（或一半以上）的蛋糕，那就接受对方的提议。切勿太贪心。

34. 警惕获得一半以上蛋糕的机会。即使对方不清楚分蛋糕法，你也不要利用这一点。这不利于建立信任。

35. 不要以火攻火，要以水灭火。如果对方说了一些煽动性的话，不要上升事态，试着缓和局势。要幽默。

36. 如果有人给你下了最后通牒，不要以牙还牙。这是以火攻火。相反，请寻找其他明显让他们得利更多的选项。即使不提供这样的选项，也要去证明他们对最后通牒以外的选项持开放态度。

37. 让他们对你说不。 与其直接对不利的交易说不，不如先考虑还需要什么才能让你对交易说"是"。然后提出你的诉求，反正也没什么损失。

38. 选择合理的锚。 最初报价将影响最终谈判结果。确切的数字比整数更好，例如 1217 美元 vs1200 美元，但要准备好确切数字的依据。

39. 许多听起来公平的流程其实不然。 虽然双方对等很重要，但在双方随意提出的主张上折中妥协，或各退一步，实则并不公平。

40. 参与方超过两方时，事情会很快变得复杂。 蛋糕理念也同样适用，但挑战在于最佳替代方案不再是明确的。考虑一下如果达不成多方协议，谁可能与谁合作。

41. 即使在谈判中没有权力，你也可能有权力改变别人得到的东西。 不要满足于蝇头微利，可以为改变谈判而获得报酬。

42. 不要说善意的谎言。 善意的谎言看似无害，实则可能会误导人。你不知道对方能帮你解决什么问题，他们也不知道你有什么问题。

43. 不要说赤裸裸的谎言。 这不仅是不道德的，也是个战略问题。如果你被发现说谎，可能会失去交易机会。即使没被发现，如果对方认为你的最佳替代方案超出对方的能力范围，你也可能会失去交易机会。"报价不错，如果我是你，我会接受的。"

44. 可以在乎，但不要太在乎。代表他人而不是为自己谈判更容易，因为你没有那么投入感情。为自己谈判时，可以想象自己只是在为另一个人谈判，这个人碰巧跟你很像，这样可能会有所帮助。

45. 注意文化差异。倾听各方的意见，了解对你来说可能无关紧要，但对他们重要的事情，反之亦然。赫布·科恩说过，"谈判都是跨文化的"。他解释说：你我看到的事物并不是它们本来的样子，只是你我内心的反射。事实上，与看似跟你很像的人谈判可能会更加困难，因为你会认为对方能理解你。

先阐述基本原则。

分蛋糕。

解决问题。

做大蛋糕。

分一半。

致谢

大蛋糕制作食谱。

原料：从学界与业界人士处获得信息的综合，贡献者如下。

两位分享其商业秘密的联合教学教师，即凯德·马西和戴利恩·凯恩。

七位犀利但公正的评论家，即巴拉特·阿南德、马克斯·巴泽曼、杰克·范宁、布赖恩·哈内森、伊戈尔·柯尔曼、布拉德利·库斯莫尔和安·奥利瓦里斯。

七位体贴入微的同事，即伊恩·艾尔斯、弗洛里安·埃德雷尔、丹·埃斯蒂、凯尔·詹森、莎伦·奥斯特、弗朗西丝·罗森布卢特、凯利·舒尔。他们帮忙删减了一些废话，并修正了一些事实。

一位像经济学家一样思考的眼科外科医生，即豪伊·韦斯。

一位大学室友，即杰弗里·麦克利斯，他提供了一些杂谈。

数位优秀的前学生：科里·巴伦、格雷格·坎普、埃兹拉·戈尔德施拉格；一群超级聪明的读者：塞思·马斯特斯、丹·鲁布、罗伯特·舍恩伯格、安德鲁·韦斯；以及数位允许我刨根问底的慷慨之人：理查德·布鲁克斯、唐·穆尔、迈克尔·塞林杰、谢恩。

在 98.6 华氏度（37 摄氏度）温度的头脑中烘烤（构思）10 年。要有耐心。目前这观点还半生不熟。

添加混合剂并以正确的顺序将原料重新排列：詹姆斯·莱文。

编辑食谱，将量减半并保持较少的分量：霍利斯·海姆布奇。

新冠肺炎疫情期间，在厨房餐桌上揉捏（加工）一年。铺开纸，冷却蛋糕，切成 12 块，储存好。

我在厨房得到了很多帮助。有副厨师长考特尼·帕加内利和温迪·黄及成千上万的食物品尝师（MBA 学生、施瓦茨曼学者、Coursera 上的学生）帮忙润色食谱。凯蒂·皮乔塔的嘱咐一直萦绕在我脑海，帮助我确保食谱中不会出现多余的"那个东西"而只留下最恰当的部分。才华横溢的编辑尼基·巴尔德奥夫、伊丽莎白·布朗和汤姆·皮托尼亚克将那些我不应该删减的内容放回去，修正我的语法，让我看起来像是主修英语的，而不是主修数学。

谢谢大家。我从一开始就说过，一个人无法做成蛋糕。进一步说就是每一种原料都是必不可少的。

一位同事特别值得提及。我的终生朋友亚当·布兰登布格尔，和我合著了《竞合》（*Co-opetition*）。我们一起写了几篇关于谈判的文章，阐述了分蛋糕和多方谈判理论。他在合作博弈论方面的开创性工作帮助我走上了这条道路。他的影响贯穿全书。

作家通常会感谢他们的伴侣，因为后者允许他们把自己锁在办公室里埋头写书。但对我来说，我不能顾及的反而是自己的办公室。我的写作阵地转移到了厨房餐桌旁，但我并非独自一人——因为海伦和我都在家工作。我认为这个安排虽然让我有所分心，但也可能我俩之间的分割仅止于在厨房分蛋糕，否则我们可能就要分家产了。在此为我们一起共同度过的 42 年向我的妻子致谢。

本书插图由丹·阿什伍德绘制。丹是一名平面设计师、动画师和插画家。早年，他是《哈佛讽刺》（*Harvard Lampoon*）的一名漫画家。你可以访问 coursera.org/learn/negotiation，在巴里的在线谈判课程中看他的动画。也可访问 danashwood.myportfolio.com，查看更多插图。

注释

1. 参见：Nejat Anbarci and Nick Feltovich, "How sensitive are bargaining outcomes to changes in disagreement payoffs?" *Experimental Economics* 16, no.4 (2013): 560-96。

2. 参见：Robin Pinkley, Margaret Neale, and Rebecca Bennett, "The Impact of Alternatives to Settlement in Dyadic Negotiation," *Organizational Behavior and Human Decision Processes* 57, no. 1 (1994): 97-116。

3. 参见：Francesca Gino and Don Moore, "Why Negotiators Should Reveal Their Deadlines: Disclosing Weaknesses Can Make You Stronger," *Negotiation and Conflict Management Research* 1, no. 1 (2008): 77-96。

4. 乔治·劳埃德与杰里米·哈尔彭两位杰出的律师给了我们帮助，他们是名副其实的顾问。

5. 我们如何知道艾丽斯的真实估值是 11500 美元，而不是更高或更低呢？这个数字是无法验证的。我们可能不得不相信艾丽斯的话，这辆车对她而言价值 11500 美元。或者我们且看她能拿出多少证据来证明这辆车对她而言价值 11500 美元，来决定信她几分。

6. 在违约的情况下，卖家节省了 2400 美元。如果他们平分蛋糕，那么每一方都可以节省 7000 美元，所以确切的差额是 4600 美元。

7. 大卫·梅西克在 B. A. 梅勒斯和 J. 巴伦等主编的《司法的心理学视角：理论与应用》（剑桥：剑桥大学出版社，1993 年）一书中的《平等：决策启发法》中讨论了人们为平等而使用的各种探索步骤。在早期的一项研究中，理查德·哈里斯和马克·乔伊斯证明了构建框架的重要性。他们进行了一系列实验，在实验中，几个合作伙伴的工作时长相同，但轮班班次不同（第一种情形是在跳蚤市场，第二种情形是在木工店）。合作伙伴对总利润分配方式的提议在很大程度上取决于问题的表述方式。当被要求以公平的方式分配利润时，最常见的答案是平分利润。但是，当被要求以公平的方式分摊共同费用时，最常见的反应是平分成本，而不是使利润均等的方式。他们在 1980 年的文章《什么是公平？这取决于你如何表述问题》（《人格与社会心理学》，38（1），165—179）中介绍了上述实验。

8. 巴里·奥尼尔在 1982 年出版的论文《〈塔木德〉中的权利仲裁问题》(《数学社会科学》，2，345—371）中首次将谈判与《塔木德》联系在一起。随后，在 1985 年，罗伯特·奥曼和迈克尔·马斯切勒在题为《〈塔木德〉中一个破产问题的博弈论分析》的论文（《经济理论杂志》，36，195—213）中对两者之间的联系做了进一步的探究。《塔木德》文本请见 sefaria.org/Bava_Metzia.2a.1-12。

9. 我们暂时不考虑羊毛剪坏掉或贬值的问题。他们共用同一把羊毛剪，这点没有问题。

10. 在这种情况下，这块布为 50 美元，但双方所求都超过 50 美元。整块布都是有争议的，所以两人各分得 25 美元。

11. 一楼的人可能有住在顶楼的朋友。尽管如此，我认为他们坐电梯拜访朋友，不应该比不住在公寓的客人支付更多的费用。住在顶楼的人应该为他们的访客乘电梯买单。

12. 来源：wikipedia.org/wiki/List_of_development_aid_country_donors 以及 reliefweb.int/sites/reliefweb.int/files/resources/GHA%20report%202019_0.pdf。

13. 来源：worldpopulationreview.com/countries/countries-by-gdp.

14. 参见：Rudy Nydegger and Guillermo Owen, "Two-person bargaining: An experimental test of the Nash axioms," *International Journal of Game Theory* 3 (1974): 239-49。

15. 这项研究是她博士论文的一部分，可在 ninaroussille.

github.io/files/Roussille_askgap.pdf 上查阅。

16. 需要注意的是，其结果主要是男性工资增长率发生下降；参见莫滕·本内森、埃琳娜·西明提、玛加丽塔·图图拉和丹尼尔·沃尔芬宗，"公司是否对薪酬的性别差距透明度做出回应？"，可在 nber.org/papers/w25435 查阅。

17. 来源：iwpr.org/wp-content/uploads/2020/09/Q068-Pay-Secrecy.pdf 和 nytimes.com/2019/01/20/smarter-living/pay-wage-gap-salary-secrecy-transparency.html。

18. 佐薇·卡伦和博巴克·帕扎－赫森分别是哈佛商学院和布朗大学的教授。他们的论文《薪酬透明度的均衡效应》可在 https://www.nber.org/papers/w28903 上查阅。

19. 大多数人认为提高最低工资会导致就业减少（因为雇人成本更高）。但最低工资的提高打破了溢出逻辑，因此可以增加就业。比如一家公司有 10 名员工，每人每小时收入为 10 美元。公司发现很难以这样的工资招到新员工。如果每小时支付 15 美元，公司可以将员工人数翻倍，并扩大工作时间和服务。但问题是，这样做将花费公司每小时 20 美元，因为除了给 10 名新员工支付 15 美元，还必须给 10 名现有员工支付 5 美元的加薪。这样做不值得。由于最低工资迫使公司将现有员工的工资提高到每小时 15 美元，所以雇用新员工的成本仅为每小时 15 美元，而不是 20 美元，因为每小时 5 美元的加薪已经实施。由于最低工资提高，该公司的利润降低，但扩张成本也降低了，因为它已经承担了提高现有工人工资的成本。

20. 此案称为"美国夏威夷"（American-Hawaiian），卷宗号为 38 Cal.App.3d 73, 112 Cal. Rptr.897，供法律爱好者参阅。

21. 参见：nytimes.com/1989/11/19/business/nutrasweet-s-bitter-fight.html。

22. 他也是制作马西−皮博迪橄榄球排名榜的马西。

23. 参见：凯德·马西和理查德·泰勒（2013）《失败者的诅咒：职业橄榄球联盟选秀中的决策和市场效率》，管理科学，59（7）：1479-1495。

24. 有一些读者认为我应该把橙子的故事归功于玛丽·帕克·福利特，她是一位杰出的思想家和争端解决的先驱。虽然有许多引用都将这个故事归功于她，而且这个解决方案是她解决冲突的综合方法的一个完美案例，但我在她的作品中找不到任何关于这个故事的参考。但有一个有趣的背景故事。第一版的《谈判力》中分享了一个因开窗而发生冲突的故事。这个故事取自玛丽·帕克·福利特 1925 年的文章《建设性冲突》，但未注明出处。《谈判力》的后续版本都提供了出处。因此，人们推断橙子的故事也是借用的。这一切是因为德博拉·科尔布 1995 年在《谈判杂志》上发表了一篇关于玛丽·帕克·福利特的贡献的文章。最开始科尔布教授认为橙子的故事"只是另一个男人借鉴女人好点子的例子"。随着她深入调查,她将故事追溯到罗伯特·豪斯撰写的一个案例,并于1975年发表在《管理与组织行为经验》中。也许罗伯特·豪斯曾考虑把对象换成水果。

25. 完整的协议长达360页,实际上有数百个细节需要说明。你可以在NBA球员工会网站上下载该协议,网址:nbpa.com/cba。

26. 参见:espn.com/nba/story/_/id/7127448/nba-lockout-talks-break-early-thursday-planned 和 northwesternbusinessreview.org/how-the-nba-lockout-came-to-be-169cfa0bcf0d。

27. 参见:戴利恩·凯恩、乔治·勒文施泰因和唐·穆尔在2005年出版的《开诚布公的缺点:披露利益冲突会的不利影响》(《法律研究杂志》,34,1-25)。

28. 参见:www.williamury.com/getting-to-yes-in-colombia/。

29. 泰森这句话出自乔·路易斯的名言:"每个人都有自己的计划,直到他们被揍了一顿。"当被记者问道:"对手伊万德·霍利菲尔德已经有了对付你的详细计划,你有什么反击方案吗?"泰森说出了这番话。起初,泰森的话似乎很有预见性,霍利菲尔德在第一个回合就被击倒(KO),被后手直拳打飞了。但是第十回合过后,泰森却被霍利菲尔德技术性击倒。

30.《康涅狄格州一般律例》SS 22-357:如果任何狗对任何人造成身体或财产伤害,狗主人或饲养员都需要承担相关责任……

31. 参见:cdc.gov/rabies/exposure/index.html。

32. 史料和引语源自约翰·加拉费的传记小说《左膀右臂：乔治·珀金斯的一生》（Westport, CT：Greenwood Press, 1960）。

33. 单纯的印刷宣传册的行为被视为违犯《版权法》。依据 1909 年《版权法》，对于侵权行为人或其代理人或员工制作、出售或持有的侵权复制品，每份将被处以 1 美元的罚款；详见 copyright.gov/history/1909act.pdf。分发侵权复制品则视为故意违反版权法。竞选团队可以销毁这些宣传册，只要不分发，他们只构成过失侵权，法院会降低法定赔偿。

34. 在这个案例中，没有义务进行披露，因此有可能无法通过故意遗漏事实的司法检验，但是可以通过直觉检验。

35. 一般而言，当出现此类不好的原因时，卖方有法律义务予以披露。

36. 参见：弗朗西斯卡·吉诺和唐·穆尔（2008），为什么谈判者应该透露他们的截止日期：坦露弱点可以让你变得更强大，谈判与冲突管理研究 1（1）：77-96。

37. 参见：pon.harvard.edu/daily/batna/negotiation-research-you-can-use-should-you-brandish-your-batna-nb/。

38. 参见：nytimes.com/2017/01/26/world/mexicos-president-cancels-meeting-with-trump-over-wall.html。

39. 参见：Matthew Backus, Thomas Blake, and Steven Tadelis, "On the Empirical Content of Cheap-Talk Signaling: An Application

to Bargaining," *Journal of Political Economy* 127, no. 4 (2019): 1599-1628。

40. 参见: Ellen Langer, Arthur Blank, and Benzion Chanowitz, "The Mindlessness of Ostensibly Thoughtful Action: The Role of 'Placebic' Information in Interpersonal Interaction," *Journal of Personality and Social Psychology* 36,no. 6 (1978): 635-42。